비대면 시대에
하나님 대면하기

KB192820

비대면 시대에

하나님 대면하기

김창준

코람데오

감사의 글

함께 동역하는 교역자들과 매월 책을 한권씩 같이 읽고 나눈다. 지난 8월에 읽었던 책은 『Uncontact(언컨택트)』이다. 우리가 겪어나가고 있는 코로나19 바이러스가 세상을 뒤덮은 지 반년이 넘었는데, 도대체 세상이 어떻게 바뀌어 가고 있는지 더 잘 알았으면 좋겠다는 교역자의 제안에 따라 읽게 되었다. 그동안 주로 읽었던 경건 서적들에서 벗어나 이런 종류의 책을 읽는 것도 세상을 이해해야 하는 목회자들에게 유익하겠다는 생각이 들어 함께 나누었다.

생소한 분야라 어려울 것이라는 우려와는 달리 생각보다 책은 쉽게 읽혔고, 내용을 이해하는 것도 별로 어렵지 않았다. 다만 한 가지 힘들었던 것은 책에서 말하고 있는 이 비대면의 시대에 우리가 어떻게 믿음을 지키고 목회를 할 것인가 하는 문제였다. 책에서는 종교단체들이 직면하게 될 비대면 사회에 대해 짧게 언급하기는 하지만 시원스럽게 답을 주지는 않았다. 또 답을 준다고 해서 그것을 목회 현장에 바로 적용하는 것은 쉬운 일이 아닐 것이라고 생각한다.

그런 고민을 하던 중 우리나라에 바이러스 감염자가 급격하게 늘면서 다시 정부 당국으로부터 대면예배 금지 조치가 취해졌다. 한참 온라인으로 예배를 드리다가 다시 교회[1]에 모여 예배드리기 시작해 이제는 제법 교

---

1 '교회'의 성경적 신학적 의미가 건물이나 공간을 의미하는 말이 아니라는 것을 알고 있다. 교인들이 이용하는 공간을 말할 때는 예배당이나 교회당이라는 표현이 적절하다. 그러나 예배당이나 교회당 이라는 표현이 일반적으로 더 낯설다. 그러하기에 이 책에서는 예배당이나 교회당 대신에 건물이나 공간으로서의 의미로 '교회'라는 용어를 사용하고자 한다.

인들이 모이고, 교육부서의 수련회가 예정되었던 때였다. 그러나 이 조치로 수련회는 취소되고 예배는 다시 온라인으로 돌아갔다. 이 난국에 직면하면서 계속되는 목회자로서의 고민은 함께 모여 신앙생활하기 어려운 시대에 어떻게 성도들로 하여금 하나님을 대면하게 할 것인가 하는 문제였다. 이 문제가 고민이 되었던 이유는 우리의 모든 사역과 예배가 성도들로 하여금 하나님을 만나도록 도와주는 것인데, 비대면 예배로 인해 성도들이 하나님을 대면하기 어렵다면 그 어떤 예배도 모임도 의미가 없다고 생각했기 때문이다.

그래서 하나님을 대면하는 것을 주제로 글을 써서 도움을 주고 싶었지만 선뜻 글을 쓸 엄두를 내지 못했다. 왜냐하면 오래전부터 쓰고 싶었던 글과 주제가 많았지만 일차적으로 나의 게으름으로 인해 쉽게 실행하지 못했기 때문이다. 또한 핑계를 더하자면 하나님께서 책을 내는 일을 기뻐하시지 않을 수도 있다는 마음이 있었다. 이것은 책을 통해 전하고자 하는 내용대로 먼저 실천하며 살아야 한다는 생각을 늘 가지고 있었기 때문이다. 이런 불편한 마음으로 인해 이번에도 책 제목을 정해놓고 내용들을 구상하다가 마음 한편에 접어 두었다.

그러다가 교역자들과 함께 책을 나누던 중에 나도 모르게 쓰고 싶었던 책의 제목을 언급하게 되었다. 내 말을 들은 교역자들 중 몇 명이 제목에 호감을 보이면서 책을 쓸 것을 권했다. 나는 이것을 슬기로운 사회생활을 하는 교역자들이 담임목사에 대해 예의상 하는 말로 들었다. 그래서 겸손을 가장하여 책을 쓸 수 없는 몇 가지 이유들을 말했다. 하지만 교역자들은 그래도 한번 도전해 보라고 강권해주었다. 그때부터 다시 내 마음이 요동치기 시작하여 책을 쓰는 것이 정녕 하나님의 뜻인가 되물었다. 그리고 나름 하나님께로부터 받은 답변은 '책을 쓰는 중에 이 책의 제목처럼 너부터 나와 먼저 대면하자'는 말씀이었다. 역시 생각을 실행에 옮기기는 쉽지 않았지만 오랫동안 덮어두었던 책을 쓰고 싶은 열망이 다시 솟아올라 결국 나는 책을 쓰게 되었다.

기왕 시작하려면 빨리 해야 한다고 생각해서 더욱 주님을 찾고 주님과 대면하려는 마음을 가지고 작업을 시작했다. 하지만 글쓰기가 시작되었다고 해서 모든 것이 원만하게 진행된 것은 아니었다. 시작 전에 염려했던 대로 글을 쓰는 동안 여러 번 고민과 회의를 거듭해야 했다. '이것이 정말 하나님의 뜻인가?' '나는 그 뜻에 합당하게 글을 쓰고 있는가?' '나는 과연 하나님을 대면하고 있는가?' 수없이 질문을 던졌지만, 늘 그러했듯이 쉽게 답을 얻지 못하는 가운데 문득 이런 생각들이 들었다. '너와 하나님의 대면도 이제 시작이다.' '이것이 너의 삶을 바꾸는 계기가 될 것이다.'

결국 하나님께서는 내가 다른 이를 위해서나, 누구를 바꾸려고 글을 쓰는 것이 아니라는 것을 깨닫게 하셨다. 이를 통해 내가 가진 생각들을 정리하고 그로 인해 얻어진 것들을 먼저 나 자신의 삶에 적용하는 것이 필요하기에 이 작업은 계속 되어야만 했다.

그 깨달음만으로는 부족한 나를 위해 하나님께서는 글을 쓰는 중에 많은 영감과 격려를 주셨다. 그래서 글을 쓰면서 하나님께서 이 일을 하게 하신다는 확신도 가지게 되었다. 또한 아무리 시대가 비대면으로 변하고 있다 하더라도 사람은 하나님을 대면하지 않고는 살아갈 수 없기에 하나님을 대면하는 것은 그 어느 때보다도 중요하다는 것을 거듭 확인하게 하셨다.

하나님께서 이런 마음들을 주셨기 때문에 이전의 글쓰기와는 달리 끝까지 계속 써야겠다는 의지를 불태울 수 있었다. 그래서 이 자리를 빌어 이 귀한 책을 쓸 수 있게 해주신 하나님과 글을 쓰도록 격려와 힘을 불어넣어준 나의 귀한 동역자 박종아 목사, 박승진 전도사, 지윤형 전도사에게 감사한다. 특히 글 전체의 내용을 감수하고 교정하는데 수고를 아끼지 아니한 황기현 목사와 정시온 전도사의 헌신에 마음 깊이 감사를 드린다.

아울러 늘 곁에서 내가 하나님을 대면하는 데 힘이 되어주는 아내 김진이와 사랑하는 모든 가족들 그리고 하나님과 대면하며 살아가기에 힘쓰는 판교소망의 모든 교우들에게 진심으로 감사한다.

하나님을 대면하고픈 목사 김창준

감사의 글

PART **1**

비대면
시대

1. 비대면 시대의 시작

달라지는 세상

2020년이 시작되면서 온 세상이 급격하게 달라졌다. 1월부터 우한에서 시작된 코로나19 바이러스가 전 세계적으로 창궐하면서 지역 간의 왕래가 대폭 줄어들고 사람들과의 만남이 축소되었다. 소위 비대면 시대가 된 것이다. 이것은 2020년에 갑자기 시작된 것이 아니다. 이미 사람들은 오랜 세월에 걸쳐 대면을 줄이기 위한 작업들을 해 왔다. 그러던 것이 바이러스의 확산으로 인해 보다 신속하게 진행된 것이다.

『언컨택트』의 저자인 김용섭은 이 비대면 시대가 갑자기 나온 것이 아니라 아주 오래전부터 쌓여오고 진화되어왔던 흐름[2]이라고 한다. 이러한 흐름은 소비와 유통 산업을 비롯하여, 기업에서 일하는 방식과 학생들의 학업 그리고 정치와 종교, 사회와 문화에 이르기까지 많은 것들을 바꾸고 있다.

그러한 변화 중의 하나가 식당에서 1인용 좌석이 증가하는 것이다. 사실 1인용 좌석은 1인 가구가 증가하고 혼밥 문화가 조금씩 확산되면서 식당

---

2 김용섭, 『언컨택트』 (서울:퍼블리온, 2020), 8쪽.

마다 조금씩 자리를 잡아가고 있었다. 그런데 지금은 기업체의 사내 식당에도 개인별로 칸막이를 하고 혼자서 식사를 하는 자리를 늘려가고 있다. 심지어 모든 좌석을 대화할 수 없는 1인용 좌석으로 바꿔버린 기업들도 있다고 한다.

원래 우리나라의 직장 문화 중 하나는 함께 식사를 하는 것이었다. 하루 종일 각자 주어진 업무에 충실한 시간을 보내는 중에도 점심시간이 되면 삼삼오오 짝을 이루어 구내식당이나 회사 주변의 식당을 찾아 식사를 하며 대화의 꽃을 피운다. 그러다가 가끔씩은 저녁에 회식 자리에 모여 식사를 하며 얼굴을 대하고 대화를 하는 것이 일반적인 기업 문화였다. 그래서 가족 같은 회사 분위기를 만들고 정을 나누며 일을 해왔다. 그런데 어느 순간 저녁의 회식 문화가 점차 줄어드는 모습을 보였다. 그러다 이제는 점심시간조차도 함께 대면하지 않고 혼자 식사를 하는 비대면 문화가 자리를 잡아가고 있다.

재택근무와 재택수업

이와 더불어 빠른 속도로 자리를 잡아가고 있는 것 중 하나가 재택근무다. 재택근무는 세상의 변화에 발 빠르게 적응해 가고 있는 우리나라 기업들조차 유독 회사에 도입을 늦추고 있었던 혁신 중 하나라고 할 수 있다. 얼굴을 직접 보고 이야기를 나누며 일을 추진하는 것을 중요하게 생각하는 우리나라의 기업 문화에 있어서 재택근무는 도입하기 힘든 근무 형태가 될 수밖에 없었다.

그러나 바이러스가 확산되면서 재택근무를 실시하는 회사들이 생겨났다. 비록 단기간이지만 회사도 근로자도 재택근무의 장단점을 실험해 볼 수 있는 기회를 가지게 된 것이다. 하지만 어느 정도 확산세가 잦아들면서 다시 출근 형태의 근무를 하는 회사도 많아졌다. 그러다가 최근 우리나라에 코로나19 확진자가 늘어나면서 그동안 재택근무를 장려하지 않던 회사들조차도 이제는 강제로 사원들을 집으로 돌려보내 일하게 하고 있다. 이로 인해 회사에 출근을 하지 않고 집에서 일을 하는 사람들이 많이 늘어나고 있다.

이러한 변화는 단순히 회사에만 영향을 미친 것이 아니라 자녀들의 학업에도 영향을 가져왔다. 처음에는 개학을 늦추던 교육당국이 계속 개학을 늦출 수 없게 되자 고육지책으로 온라인 개학을 했다. 그러면서 자녀들의 재택 수업 역시 점점 늘어났다. 여러 가지 부작용과 어려움이 있기는 했지만, 이것이 비대면 시대에 안전한 교육방식이라는 생각을 가지고 시행하며 적응해 나갔다. 그러다가 학교도 기업과 마찬가지로 고3부터 시작해서 점차적으로 일주일에 몇 번씩 등교를 하는 형태로 출석 수업을 하게 되었다. 그러던 것이 최근 감염병의 재확산으로 다시 등교가 어려워졌다. 이제 학생과 부모들은 가정에서 진행하는 온라인 수업을 일상으로 받아들여야 하는 상황이 되었다.

낯설지만 편리한

쇼핑에 있어서도 전화로 음식을 주문하고, 인터넷으로 가정에서 필요한 것을 쇼핑하는 것은 이미 오래 전부터 시작되었다. 그런데 최근에는 저녁에 주문한 것들을 다음 날 새벽에 받아볼 수 있는 당일배송이 더 활성화 되었고, 배송 품목도 신선야채에서 세탁물까지 갈수록 다양화되고 있다. 택시도 이제는 어플을 통해 호출이 가능하다. 승객이 목적지를 입력하고 결제까지 미리 할 수 있어 이 모든 것이 비대면으로 진행된다. 식당에서는 키오스크를 통해 음식을 직접 주문하고 결제 한 후에 음식을 받는 곳이 점점 늘어난다. 이런 시대를 김용섭은 다음과 같이 진단한다.

기성세대로서는 낯선 변화겠지만, 지금 시대를 살아가는 이들에겐 편리한 변화다. 불편한 소통 대신 편한 단절을 선택하는 시대가 되었기 때문이다. 사람은 사람과 어울리며 살아야 한다는 말은 언제까지 유효할까? 사람은 원래 사람을 좋아해서 소통과 연결을 해왔던 것일까? 아니면 소통과 연결을 하지 않으면 불이익을 보거나 사회생활을 할 수 없어서 그랬던 걸까?[3]

김용섭은 지금의 이런 변화가 낯설지만 편리한 변화라고 말한다. 왜냐하면 불편한 소통보다 편한 단절을 선택할 수 있기 때문이다. 결국 비대면으로의 진행은 사람을 편하게 만들기 위한 과정이라는 것이다. 그래서 앞으로도 비대면은 계속 늘어나게 될 것이라고 본다. 이러한 전망을 주목하는 것은 지금 우리가 겪어 나가는 이 변화가 단순히 기업이나 가정에만 영향을 미치는 것이 아니기 때문이다. 나중에 좀 더 구체적으로 보겠지만, 교회도 이제 이 비대면의 영향에서 자유로울 수 없는 상황이 되었다.

---

3 김용섭, 앞의 책 83쪽.

뿐만 아니라 이 영향은 일시적인 것이 아니라 앞으로도 멈추지 않고 지속될 수도 있다고 한다. 김미경은 『REBOOT』에서 이렇게 말한다.

> 가슴 아프지만 이제 현실을 인정하자. '언제 돌아갈 수 있을까'를 물을 때는 지났다. 크게 심호흡하고 '다가올 미래를 위해 무엇을 준비해야 할까?'를 묻고 또 물어야 할 시간이다. 매일 조금씩 변화의 단서를 찾아내야 한다. 먹고, 살고, 배우고, 나누는 일상을 누리기 위해 다른 삶의 방식을 훈련해야 한다. 삶에 대한 성실한 자세와 뜨거운 애착으로 각자의 해법을 찾아야만 한다.[4]

지금 겪고 있는 이 비대면의 시대가 일시적이지 않을 수도 있기 때문에 우리는 이제 변화되고 있는 상황에 적응하며 살아갈 방법을 찾아야 한다는 것이다. 이러한 세상 속에서 성도와 교회는 변하고 있는 세상의 영향을 무시하며 살아갈 수 없다. 불편한 소통 대신 편한 단절을 선택하는 이 시대의 문화가 앞으로 교회에 가져오게 될 영향은 어떤 것일까? 그리고 이는 성도 개개인의 신앙에도 영향을 미치게 될 텐데, 우리는 이러한 변화들을 어떻게 수용해야 할 것인가?

---

4 김미경, 『REBOOT』 (서울:웅진지식하우스, 2020), 36쪽.

2. 비대면의 유익들

초연결사회

우리가 현재 겪고 있는 이 비대면 시대를 초연결사회(Hyper-connected Society)라고 한다. 초연결사회는 인터넷과 모바일 기기, 센서 기술 등의 진화로 사람과 사물 등 모든 것이 네트워크로 연결된 사회이다. 자율주행 자동차로부터 인공지능, 사물인터넷, 빅데이터, 증강현실, 스마트 시티 등의 비즈니스가 모두 초연결사회를 만들어가고 있다. 전 세계적으로 수많은 사람들이 인터넷과 모바일로 연결되어 대량의 데이터를 이용하며 살고 있고, 또한 새로운 데이터를 창출하는데 기여하고 있다. 아울러 다양하게 개발된 소셜 네트워크를 통해 더 긴밀하고도 많은 연결을 하며 살아간다.

이렇게 보면 세상은 비대면이 진행되고 있는 것처럼 보이지만, 사람들 간의 관계와 연결은 더욱 많아지고 중요한 시대가 되었다. 어떻게 보면 비대면 시대는 사람 사이의 연결을 끊는 것이 아니라, 불필요한 만남을 줄이고 쉽고 빠르게 연결하자는 의지를 담고 있다고 볼 수 있다.

그동안 인간관계든, 사회적 관계든, 비즈니스 관계든 대면을 통한 관계가 주축을 이루는 방식이었다. 비대면은 극히 일부였을 뿐이다. 이것을 바꾸는 건 단지 두 가지를 물리적으로 뒤집는 게 아니라, 비대면을 통해서 인간관계, 사회적 관계, 비즈니스를 하는 데 아무런 문제가 없도록 만드는 것이다. 타인과의 대면과 접촉을 피할 수 있고 줄일 수 있다면, 피하고 줄이는 게 언컨택트다. 무조건적인 단절이 아니라, 피하고 줄여도 아무런 지장이 없도록 만드는 것이 언컨택트 기술이자 서비스의 방향이다.[5]

여기에는 우리가 경험하고 있는 비대면의 유익이 있다. 대면으로 소통하기가 어려워진 관계를 비대면으로도 아무런 문제가 없도록 잘 유지하는 것이 언컨택트의 방향이다. 그래서 비대면은 무조건적인 단절을 의미하지 않는다. 피할 수 있는 상황이라면 대면을 피하거나 줄이고, 대신 쉽고 빠르게 연결할 수 있는 방법들을 최대한 개발하고 이용하면서 연결 상태를 지속시켜 가자는 것이다.

여유시간의 증가

이러한 비대면이 주는 유익은 여러 가지로 나타난다. 먼저는 시간 활용의 증대이다. 비대면 사회가 되면서 소비되지 않는 시간이 늘어났다. 학생들은 등교를 위해 준비하는 시간이 줄었고, 등하교 하는 시간이

---

5 김용섭, 앞의 책 86–87쪽.

불필요하게 되었다. 그리고 컴퓨터를 켜서 접속하기만 하면 학교에 출석한 것으로 인정된다.

회사원은 회사에 출근하기 위해 오고가는 시간을 절약할 수 있게 되었다. 어떤 근무 복장이든 집에서 컴퓨터를 켜는 것으로 근무를 시작할 수 있기 때문에 출근을 위해 세면을 하고 복장을 갖추는 준비시간도 줄어들었다.

소비자들은 장을 보기 위해 시장이나 마트를 오가는 시간이 줄어들었다. 온라인에서 필요한 물건을 찾는 시간은 비슷할지라도 매장까지 직접 이동하는 시간은 필요 없게 되었다. 운동을 하기 위해 헬스장을 다니던 사람들은 집에서 홈트레이닝을 하게 되었기 때문에 왕복시간이 절약되기도 한다.

이렇게 절약된 시간을 어떻게 사용하느냐는 개인적인 문제이겠지만, 표면적으로는 대면하는 것이 사라짐으로 대면을 위해 준비하거나 이동하는 시간이 많이 줄어든 것은 틀림없다. 이로 인해 남게 되는 시간을 잘 활용한다면 개인적으로 사용할 수 있는 여유시간이 늘어났다고 볼 수 있다.

다양한 문화의 이용

이와 같이 절약된 시간의 활용법 중 하나는 다양한 문화의 접촉이라고 할 수 있다. 비대면시대의 대표적 양상은 온라인의 증가다. 온라인으로 출근하는 것부터 온라인 매매와 온라인 강의까지 여러 분야의 온라인은 더욱 활성화 되었다. 특히 현장에 모여서 강의를 하고 강의를 듣는 시스템이 어려워지면서 많은 강의와 세미나가 온라인으로 대체되고 있다. 현장의 감동을 중요하게 여기는 연극이나 뮤지컬도 이제는 온라인으로 현장을 중계한다. 이처럼 온라인을 이용해 접할 수 있는 것들이 점점 늘어나고 있다.

과거에는 현장에 찾아가 강의를 듣거나 보던 것들을 이제는 굳이 이동하지 않아도 언제 어디서나 온라인을 통해 열고 볼 수 있는 시대가 되었다. 그래서 집에서도 얼마든지 질 좋은 강의를 들을 수 있고, 수준 높은 뮤지컬을 볼 수 있다. 심지어 스포츠 중계도 더 많은 종목이 온라인으로 대체되어 현장을 찾지 않아도 관람할 수 있게 되었다. 물론 현장이 주는 감동까지 전달받는 것은 어렵겠지만, 적어도 현장을 찾지 않아도 할 수 있는 것이 갈수록 늘어나고 있는 것은 분명하다. 그리고 이것을 잘 활용하기만 하면 얼마든지 자신을 개발하고 취미를 살리며 좋아하는 것을 즐기기 편리한 세상이 되었다.

투명성의 증대

비대면의 유익은 투명성의 증대로도 나타난다. 코로나19가 확산되면서 자주 접하는 소식 중 하나는 확진자의 동선이 공개되었다는 것이다. 감염 경로를 확인하고 질병 확산을 방지하기 위해 감염자의 동선을 추적하여 공개하는 것이 일상화가 되었다. 그래서 확진자와 같은 지역에 살고 있는 사람들은 어디에서 환자가 발생했으며, 어디를 다녀갔는지 상세하게 알 수 있다. 그리고 때로는 확진자가 동선을 숨겼다는 것이 뉴스가 되기도 한다. 이는 그만큼 우리의 일상이 노출될 가능성이 커졌다는 것을 의미한다.

이 투명성이 가장 잘 드러나는 것은 비대면 시대가 되면서 캐시리스 (cashless)가 보편화되고 있는 것이다. 유럽 최초로 지폐를 만들었던 나라인 스웨덴이 지금은 현금을 세계 최초로 없애고 있다. 현금을 없애는 것은 모든 금전 거래가 투명한 방향으로 흐르는 것을 의미한다. 상거래로부터 교통 요금의 지불, 심지어 교회 헌금에 이르기까지 모든 것을 카드나 디지털 화폐를 사용하거나 온라인으로 이체하는 것으로 보편화하고 있다. 그래서 모든 돈의 흐름을 쉽게 보거나 추적할 수 있을 뿐 아니라, 화폐 발행 비용을 줄이기까지 한다. 이로 인해 음성자금이나 지하경제가 타격을 받을 수도 있다 하는데, 그만큼 세상이 투명해지고 있다는 의미다.

이렇게 보면 비대면은 확실히 편한 선택이 되어가고 있다. 하지만, 이런 유익들 속에서도 비대면이 가진 위험이 있음을 간과할 수 없다. 지나치게 피하거나 줄이는 것이 익숙해지면 절대 그렇게 해서는 안 되는 것들까지도 피하고 줄이는 결과를 가져오기 때문이다.

3. 비대면 시대와 교회

지금까지 우리는 비대면 시대가 어떻게 진행되고 있고, 그것이 우리의 삶에 어떤 영향을 미치고 있는지 보았다. 이 비대면의 영향은 교회도 피해갈 수 없는 시대의 흐름이다. 비대면 시대는 확실히 교회에도 영향을 미쳤다. 가장 큰 영향을 받은 것은 예배이다. 필자가 글을 쓰고 있는 지금은 모든 교회들의 대면예배가 금지되었다. 그래서 그동안 예배당에 모여서 예배를 드리던 교회의 오랜 전통이 깨어지고 성도들이 각 가정에서 온라인으로 예배를 드리게 되었다. 이 온라인예배는 성도들에게 어떤 영향을 미쳤을까?

온라인예배

지난 2월에 한국기독교목회자협의회가 실시한 여론조사에 따르면 평소 주일 예배에 출석하는 교인 중 2월 23일 예배에는 57퍼센트가 교회에 출석하지 않았다고 한다. 출석하지 않은 사람 중 62퍼센트는 온라인 예배를 드리거나 혼자 개인적으로 예배를 드렸지만, 38퍼센트는 아예

주일 예배를 드리지 않았다고 한다. 이것이 비대면 예배가 진행되며 가장 표면적으로 나타나는 현상이라고 할 수 있다. 그동안 교회에서 예배를 드리는 사람들이 모두 온라인으로 예배를 드리는 것은 아니라는 것이다. 혼자서라도 예배를 드리지 않으며, 아예 예배를 드리지 않는 사람도 있는 것으로 보인다.

또 우리나라에 코로나19가 다시 확산되고 있는 시점에 8월 기독교 연구단체의 조사에 따르면 응답자의 50퍼센트는 코로나19 이후 온라인예배를 드리고 있었으며, 주로 현장예배를 드렸다고 답한 사람은 37퍼센트였다. 온라인예배 참여자 중 27퍼센트는 '가능하면 온라인예배로 드리고 있다'고 답했으며, '본 교회 외 다른 교회의 영상을 찾아보는 등 적극적으로 온라인예배를 드린다'고 답한 응답자는 23퍼센트였다. 코로나19 이전에도 27퍼센트의 응답자는 상황에 따라 종종 온라인예배에 참석하거나 적극적으로 온라인예배를 드렸다고 답해, 코로나19 이전부터 온라인예배가 이미 교회에 영향을 미치고 있었음을 시사한다.

이렇게 온라인으로 예배를 드리는 것에 대해 52퍼센트가 만족한다고 답했다. 다만 목회자와 성도의 반응에 차이가 있었다. 목회자의 경우 불만족도가 53퍼센트로 만족도보다 높은 비율을 차지했다. 반면 성도들은 54퍼센트가 만족한다고 답했다. 또 온라인예배가 대면예배를 대체할 수 있을지 묻자 78퍼센트가 가능하다고 답했다. 다만 '충분히 가능하지만, 가능한 오프라인 예배를 찾겠다'는 답변이 54퍼센트로 나타나 대면예배 선호도가 더 높은 것으로 조사됐다. 상황에 관계없이 지속해서 온라인예배를 드릴 의사가 있다고 답한 사람은 24퍼센트였다.[6]

---

6 국민일보, http://news.kmib.co.kr/article/view.asp?arcid=0924154159

이러한 연구조사가 보여주는 것은 비대면 예배를 선호하고 익숙해지는 사람들이 늘어나고 있다는 것이다. 처음에는 어색하고 불편하던 것이 시간이 지나면서 편리해지는 것은 온라인 예배도 예외는 아니다. 여기서 문제를 제기하고 싶은 것은 위에서 조사한 만족도가 과연 무엇에 대한 만족인가 하는 것이다. 예배에 대한 만족도의 기준은 무엇인가? 온라인을 통해 하나님께서 받으실 만한 예배를 드린 것인가? 아니라면 예배하는 자신이 원하는 것을 얻은 것인가? 그것도 아니라면 이렇게 예배를 드리는 것도 나름 괜찮다는 결론을 내린 것인가?

어디서 예배가 드려지든지 분명한 것은 예배가 하나님을 대면함에 있어 가장 중요한 방편이기에 수천 년 동안 교회생활의 중심이 되어왔다는 것이다. 교회와 교인은 예배를 중심으로 모이고, 준비하고, 연습하고, 봉사한다. 결국 교회에서 진행되는 많은 활동들은 예배를 위한 것이었다. 그리고 그 예배는 하나님을 만나는 시간이다. 그렇다면 온라인으로 대체된 예배를 드리는 가운데 교인들은 얼마나 하나님을 만나는 예배를 드리고 있는 것일까?

비대면 시대의 만남

앞의 설문조사에서 온라인 예배를 드린 사람들 중 80퍼센트는 설교에 가장 만족했다. 반면에 70퍼센트는 만남과 교제를 가장 아쉬워했다. 성찬(27퍼센트)과 찬양(23퍼센트)도 아쉬운 점으로 꼽았다. 필자가 섬기는 교회의 교인들만 하더라도 온라인 예배를 드리는 기간 중에 힘들어했던 점은 함께 모이거나 만날 수 없다는 것이었다. 교인들은 함께 모여 찬양 연습을 하거나, 식사하고 모임을 자유롭게 가질 수 없다는 것에 대한 아쉬움이 컸다고 토로했다. 이것은 시대가 아무리 비대면으로 변한다 할지라도 온라인으로 대체할 수 없는 것들이 있음을 분명히 보여준다. 그것이 만남과 모임이다. 김용섭은 언컨택트에서 다음과 같이 말한다.

> 언컨택트는 서로 단절되어 고립되기 위해서가 아니라 계속 연결되기 위해서 선택된 트렌드라는 점을 이해할 필요가 있다. 불안과 위험의 시대, 우린 더 편리하고 안전한 컨택트를 위해 언컨택트를 받아들이는 것이지, 사람에게 사람이 필요 없어지는 것을 얘기하는 것이 아니다. 우리가 가진 연결과 접촉의 방식이 바뀌는 것일 뿐, 우린 앞으로도 계속 사람끼리 연결되고 함께 살고 일하는, 서로가 필요한 사회적 동물이다.[7]

저자의 말대로 비대면 시대가 된다고 해서 인간이 고립되거나 단절되는 것이 아니다. 비대면 시대라고 할지라도 사람은 만남을 필요로 한다. 더 나아가 비대면 사회가 된다고 해서 하나님과 대면하지 않고 살아가는 것은 어리석고 무모한 일이다. 사람들과의 접촉이 줄어들었을 뿐, 하나님과의 대면조차 줄어들어서는 안 된다. 아니 오히려 비대면 사회 체제가 강화될수록 우리에게는 하나님과의 대면이 더 필요하고 시급하다. 그 이유는 차차 보겠지만, 그것이 이 시대를 우리에게 허락하신 하나님의 뜻일 수도 있기 때문이다.

---

7 김용섭, 『언컨택트』 (서울:퍼블리온, 2020), 7–8쪽.

우리는 안전하고 평온할 때만 사랑을 시작하는 게 아니다. 불안하고 힘들고 괴로운 상황 속에서도 사랑에 빠진다.[8] 그 증거로 비대면 시대에도 청정한 모텔을 찾는 연인들이 있다는 것이다. 뿐만 아니라 화상통화의 증대, 메신저 활용의 증가 등 컨택을 위한 노력이 계속되고 있으며, 그 방법들은 끊임없이 개발되고 있다.

비대면의 방향

세상이 변화되고 있다고 해서 사랑을 멈출 수 없는 것처럼, 비대면 시대가 되었다고 해서 사람을 만나지 않거나 하나님과 대면하기를 멈출 수는 없다. 아니 이러한 시대일수록 하나님을 대면하는 일은 더 중요하고 시급해졌다.

기술적 진화의 목적은 위험 회피와 안전 지향과도 연관이 있다. 기술이 위험으로부터 우릴 보호해주고, 이를 통해 우리의 자유를 더 확대시켜준다. 결국 언컨택트는 우리가 가진 활동성을 더 확장시켜주고, 우리의 자유를 더 보장하기 위한 진화 화두다. 비대면의 위상이 높아지는 계기는 기술 문제가 아니라 우리가 가진 욕망의 문제. 사회가 바뀌고 문화가 바뀌는 것도 결국 우리가 가진 욕망이 바뀌어 우리가 필요로 하는 대로 변화하는 것이다. 언컨택트는 욕망의 진화인 셈이다.[9]

---

8 김용섭, 앞의 책 22쪽.
9 김용섭, 앞의 책 87쪽.

김용섭의 말대로 지금 이 시대가 추구하는 비대면의 방향은 결국 인류의 자유와 안전, 그리고 욕망에 달려 있다. 문제는 이 자유와 욕망은 무엇을 위한 자유와 욕망인가 하는 것이다. 또 대면하지 않는다고 해서 사람의 안전이 전부 보장이 되는가? 비대면이 추구하는 방향이 결국 우리가 좀 더 자유로운 삶을 살고, 자신이 원하는 욕망을 달성하고, 위험으로부터 자신을 보호하기 위한 것이라면 과연 그것이 우리를 정말 자유롭게 하고 안전하게 하는 것인가 의문을 가지지 않을 수 없다.

팀 켈러가 『답이 되는 기독교』에서 말한 대로 인간은 항상 자유를 중시해 왔고, 21세기에는 더욱 그것에 대한 열망이 강해졌다. 하지만 모든 사람이 동일한 자유를 가질 수는 없고, 그 누구도 완전한 자유를 누릴 수 없다.[10] 뿐만 아니라 진화된 욕망에 끌리는 자유는 죄의 기회가 될 가능성이 많다. 그래서 예수님도 "진리를 알지니 진리가 너희를 자유하게 하리라.(요 8:32)"고 말씀하셨다. 이 진리를 통해 얻게 되는 자유가 아니면 인간이 추구하는 자유는 그 방향이 잘못되었을 가능성이 높다. 그러하기에 이 비대면 시대에 우리가 궁극적으로 원하는 것은 무엇이고, 그것을 얻기 위한 바른 길은 무엇인가 질문해야 한다.

비대면 시대와 헌금

비대면이 교회에 미치는 영향 가운데 하나는 캐시리스(cashless)

---

10 팀 켈러, 윤종석 역 『답이 되는 기독교』 (서울:두란노, 2019), 147쪽.

사회가 되면서 성도들이 헌금하는 방식에도 변화를 가져왔다는 것이다. 성도들은 교회에 와서 현금으로 헌금을 드리는 것이 아닌 온라인으로 계좌이체 하는 방식을 택하고 있다. 이 또한 이미 오래전부터 시행되어오던 헌금의 방식이기는 하나 비대면 예배가 활성화되면서 온라인으로 하는 것이 보편화되고 있다. 물론 이것이 어떤 형태로든 자신의 신앙을 표현하고 하나님께서 자신에게 주신 것 가운데 일부를 하나님께 드린다는 점에 있어서는 큰 문제가 없다고 볼 수 있다.

하지만 본래 헌금의 유래는 헌물에서 비롯되었다. 헌물은 하나님께 바치거나 제사를 드리기 위해 하나님 앞으로 가지고 나온 물건이다. 그것은 동물일 수도 있고, 곡식일 수도 있다. 하나님께서 주신 소산 가운데 일부를 가지고 나와 드림으로써 자신의 마음이나 감사와 기쁨의 표현을 하게 된다. 이 헌물이 금전사회가 되면서 헌금으로 전환되기는 했지만, 하나님 앞에 나와 드린다는 점에 있어서는 드리는 물건이나 내용이 바뀌었을 뿐 드리는 태도 자체에는 변화가 없었다. 하나님께 드리는 것도 중요하지만, 그것을 드리는 자가 하나님 앞에 가지고 나오는 수고를 하여 드리는 태도도 중요했던 것이다.

그런데 비대면 시대가 되고 온라인으로 예배를 드리게 되면서, 부득이하게 교회는 온라인으로 헌금을 받는 시스템을 취할 수밖에 없게 되었다. 이렇게 헌금을 드리는 것은 과거에 헌물을 가지고 나와 하나님께 바쳤던 신앙의 태도는 생략된 채 헌물만을 드리는 것으로 축소된 것이다. 이는 언컨택트 사회가 지향하는 것처럼 피하고 줄이는 것의 한 형태라 할 수 있는데, 이제는 하나님을 찾고 하나님께 드리는 행위까지 피하고 줄여나가는 것은 아닌가 하는 생각이 든다. 편안함을 택해 가고 있는 이 시대에 하나님께 드리는 일 조차도 편리함을 택하고 있다.

익숙해지는 편리함

지난 2020년 3월 1일에 대부분의 교회들이 온라인 예배를 시작했다. 처음에는 어떻게 이것을 해야 하는가라는 질문으로부터 시작해서, 해보지 않았던 예배의 형태를 낯설어 했다. 익숙하지 않은 예배의 방식을 받아들이는 것은 어려웠다. 지금도 가정에서 예배를 드릴 때 다같이 일어나야 하는 시점에 일어나야 할지를 고민하는 분들이 있다고 한다. 그래서 성도들 중에는 한 두 차례 온라인 예배를 드리고 나서 다시 교회를 찾아와서 예배를 드리는 사람들도 늘어났다.

필자의 교회는 3월 1일부터 5월 둘째 주일까지 11주간 온라인 예배를 드리다가, 5월 셋째 주일부터 모든 예배를 정상화했다. 그렇다고 해서 모든 성도님들이 다 교회에 와서 예배를 드리는 것은 아니었다. 다만, 찬양대원들 중 대다수는 집에서 예배를 드리는 것을 답답해했고, 교회에 와서 예배드리기를 원했다고 한다. 그럼에도 불구하고 계속해서 온라인으로 예배를 드리는 것을 고수하는 성도들이 있다. 그 이유와 원인을 정확하게 분석할 수는 없지만 분명한 이유 가운데 한 가지는 온라인 예배가 익숙해졌다는 것이다.

처음에야 그렇게 예배를 드리는 것이 어색하고 힘들어서 이것이 과연 예배일까 생각했다. 하지만 그것이 반복되면서 어느새 익숙해지고, 그 익숙함은 편안하게 느껴진다. 재택근무를 어렵게만 생각하던 한국 기업들이 막상 도입해서 시행해보니 장점도 많다는 것을 알게 되었다고 한다. 회사가 충분한 사무공간을 확보하지 않아도 되고, 근로자의 출근이나 식사 문제를 신경 쓰지 않아도 되기 때문이다. 그래서 지속적으로 재택근무 시스템을 유지하려는 기업들이 늘어나고 있다.

이렇게 처음에는 힘든 것들이 나중에는 익숙해지고 편안해진다. 그 편안함 속에서 이제는 교회에서의 예배보다 온라인 예배를 선호하는 사람들도 갈수록 늘어나게 될 것이다. 어디에서 예배를 해야 하는가는 예수님과 대화를 나누었던 사마리아 여인이 드렸던 질문이다. 예수님의 답변대로 예배는 이 산이나 저 산의 문제가 아니라 영과 진리로 예배하는 것이 필요하다. 집에서 예배를 드릴 것인가 교회에서 예배를 드릴 것인가는 중요하지 않은 문제일 수 있다. 다만, 어디서든 정말 영과 진리로 예배할 수 있는지, 그리고 온라인으로 예배할 때 진리의 말씀을 듣는 가운데 성령께서 강림하시는 경험이 가능한가에 대해서는 질문하지 않을 수 없다.

전시회와 교회

비대면 시대는 사회 곳곳에 영향을 미쳤다. 그중 하나가 대규모 컨퍼런스와 전시회다. 글을 쓰고 있는 요즘 사회적 거리두기 2.5단계가 진행 중인데, 교계 신문에서는 각 교단마다 가을에 열어야 하는 총회로 인해 고민이 깊어지고 있다. 매년 9월에 열리는 총회를 하기는 해야겠는데, 방역당국에서는 10명 이상 모이는 모든 모임을 금지하고 있어 총회를 열기가 쉽지 않다. 시대의 흐름에 따라 온라인으로 총회를 열고자 해도 교단법

이 이를 제한하고 있고, 관행적으로도 어려운 문제다.

이처럼 비대면시대가 되면서 대규모로 모이는 회의는 교회뿐만 아니라, 사회 각 곳에서 어려움에 직면하고 있다. 2020년에 열리기로 예정되었던 많은 컨퍼런스와 포럼이 연기가 되거나 취소되었을 뿐 아니라, 수년 동안 준비해 온 도쿄 올림픽은 2021년에도 개최가 불투명한 상황이 되었다. 그 밖에도 예정된 전시회나 패션쇼가 취소되는 일도 많았다.

이러한 대규모 컨퍼런스나 패션쇼는 단순히 사람들이 모이는 것을 떠나서 막대한 경제 효과를 가진다. 모임 자체에서 발생하거나 거래되는 경제 효과는 말할 것도 없고, 그것으로 인해 파생되는 관광 수입의 증대 효과도 크다. 뿐만 아니라 이러한 모임들을 통해 참여한 사람들끼리 서로 연결된 관계가 비즈니스에 미치는 영향도 매우 크다고 한다. 대면하는 자리에서 관계를 맺고 거래를 도모하고 교류를 지속시키는 것이 일반적이기 때문이다. 이렇게 보면 컨퍼런스나 전시회는 사람들을 대면하고 교류함에 있어서 아주 중요한 역할을 한다. 그런 모임이 코로나19로 인해 진행될 수 없게 되었으니 그 타격은 아주 크다.

유사한 영향을 받는 곳이 교회다. 물론 교회는 비즈니스를 추구하거나 경제적 목적을 달성하기 위해 모이는 곳은 절대 아니다. 그럼에도 불구하고 교회는 사람들이 모이고 만나 함께 예배를 드리고, 예배를 드린 후에 갖는 시간들 속에서 교제한다. 때론 식사를 하기도 하고, 찬양을 연습하기도 하고, 성경공부나 모임을 통해 하나님에 대해 더 배우고 알아가는 과정을 갖는다. 모든 것들이 공동체와 개인의 영적 성장을 위해 필요한 만남들이다. 문제는 교회의 소모임을 금지하거나 자제하는 분위기가 되면서 이런 모임의 진행이 어렵게 된 것이다.

물론 개인의 신앙에 있어 교인 각자가 어떻게 하나님을 믿고 섬기고 따르느냐가 가장 중요하다는 것을 알고 있다. 그럼에도 불구하고 개인의 믿음이 자리를 잡고 성장함에 있어서는 공동체의 영향을 받는다는 것을 부정할 수 없다. 하나님은 연합을 통해 신앙이 성장하도록 교회를 허락하셨다. 따라서 공동체인 교회의 모임이 어려워지는 것은 개인이 하나님을 믿고 찾는 일도 그만큼 어려워졌다는 것을 의미하는 것이다.

사라지는 공간

비대면 시대의 특징 중의 하나는 공간이 사라지는 것이다. 그 공간은 대면을 위한 공간이다. 사람들이 모이는 곳에 감염병 확산의 위험이 커지면서 집단으로 모이는 것을 금하는 조치가 내려졌다. 그래서 회사들은 재택근무를 한다. 이로 인해 사무공간이 사라지고 있다. 앞에서도 보았듯이 재택근무로 인한 사무공간의 축소는 지속적으로 많은 공간의 변화를 가져올 것이다. 앞으로는 공간을 빌려 쓰는 임대 형태의 공간이 갈수록 늘어날 것이라고 생각된다. 사람들이 모여서 식사를 하는 식당도 온라인 주문과 배달로 인해 점점 사라져 가는 추세다. 만약에 바이러스 질병이 계속된다면 넓은 식당 공간을 이용해 사람들이 모여 식사 하는 것은 더 어려워질 것이다. 앞에서 본 대로 컨퍼런스나 전시회가 사라지면서 그와 같은 모임을 위한 공간의 존재도 갈수록 사라지게 될 것이다.

이렇게 사라지는 공간 중 교회도 포함되는가 하는 우려가 있다. 최근에 큰 건물로 예배당 준공을 마친 교회의 담임목사가 코로나19 이후에 모일 수 없는 상황이 되면서 인터뷰를 했던 것을 보았다. 오랜 시간에 걸쳐 어렵게 교회 건축을 막 끝냈는데, 이 넓은 공간들이 지금 다 아무 소용이 없게 되어버렸다는 것이다. 실제로 지금 대면예배가 금지된 상황에서 많은 교회들의 예배 공간과 교육 공간들이 텅텅 빈 채로 시간을 보내는 일이 늘어나고 있다.

이러한 공간의 변화가 가져오는 영향은 백신과 치료제가 개발되면 해소될 것으로 기대한다. 하지만 그때까지 교회 공간에 함께 모여서 예배를 드리거나 훈련하고 교육하는 것이 어려워진 시점에서 교회라는 공간을 통해 모이고 예배하고 양육하던 교회의 시스템에 대한 재정비가 불가피한 시점이 되었다.

관계적 존재

김용섭은 비대면 시대를 진단하면서 책의 말미에 언컨택트 사회가 되어도 우리는 여전히 사회적 동물이라는 점을 강조한다. 이는 인간이 공동의 목적을 위해 집단으로 모이고, 서로 협력도 하고, 경쟁도 하고, 조직적으로 투쟁도 한다는 의미다.[11] 이 말이 틀리지 않다고 생각하는 것은 하나님께서 우리를 관계적 존재로 지으셨기 때문이다. 그래서 우리는 비대면 시대에도 어떻게든 관계를 맺고 살아가기 위해 기술을 개발하고 발전시켜 갈 것이다.

---

11 김용섭, 『언컨택트』 (서울:퍼블리온, 2020), 240쪽.

다만 그 관계라는 것을 사람들에게만 국한할 수는 없다. 하나님은 사람을 지으실 때부터 지금까지, 그리고 앞으로도 계속해서 하나님과 관계를 맺는 존재가 되도록 하셨다. 우리의 모든 관계는 하나님으로부터 시작된다. 하나님과의 관계를 근거로 자신과, 사람들과, 그리고 세상과의 관계가 형성된다. 이것은 세상이 아무리 변해도 하나님께서 만드신 창조 질서이기에 영원토록 변함이 없다. 그렇기 때문에 급속도로 변하고 있는 세상에서 우리가 더욱 관심을 가져야 하는 것은 하나님과의 관계이다. 세상이 비대면으로 변하고 있다 하더라도 하나님과도 대면하지 않고 살아갈 수는 없다. 아니 세상의 모든 관계가 단절되는 일이 있어도 하나님과 단절되어서는 안 된다. 그렇기 때문에 비대면 시대에 하나님과 관계를 맺기 위해 어떻게 하나님을 대면할 것인가의 문제는 더 중요해졌다.

PART **2**

하나님
대면하기

4. 태초에 비대면이 있었다

비대면 역사의 시작

오늘날 확산되고 있는 비대면의 문화는 최근에 나타나는 현상이다. 그러나 이것이 최근 들어 갑작스럽게 생겨난 게 아니라는 것을 알 수 있다. 앞서 본 것처럼 사회의 변화와 발전에 따라 꾸준히 변화되어 오던 것들이 최근 질병의 확산에 따라 더 가속화 된 것이다.

성경을 보면 태초에도 비대면이 있었다는 것을 알 수 있다. 그것은 아담과 하와가 하나님께서 금하신 선악을 알게 하는 나무의 열매를 먹고 난 다음이다.

그들이 그 날 바람이 불 때 동산에 거니시는 여호와 하나님의 소리를 듣고 아담과 그의 아내가 여호와 하나님의 낯을 피하여 동산 나무 사이에 숨은지라 (창 3:8)

아담과 하와는 하나님의 낯을 피하여 숨었다. 하나님과 대면하기를 피한 것이다. 그들이 그렇게 한 이유는 분명하다. 하나님께서 금하신 나무의 열매를 먹고 나서 그들이 한 일이 잘못 되었다는 것을 깨달았기 때문이다. 그리고 그 상태에서 하나님을 대면할 경우 뭔가 고통스러운 일을 겪게 될 것이라는 불안감이 생겼다. 하나님께서 경고하신 대로 하나님을 대면할 때 자신들이 죽을 수도 있다는 생각을 했을 수도 있다. 그들은 실제로 자신들을 찾으시는 하나님께 이런 고백을 한다.

> 이르되 내가 동산에서 하나님의 소리를 듣고 내가 벗었으므로 두려워하여 숨었나이다 (창 3:10)

그들은 하나님이 두려웠다. 그래서 숨었다. 그들은 하나님과 대면하기를 원치 않았던 것이다. 이것이 비대면 역사의 시작이 아닐까? 태초에 지음을 받았던 인류가 자신들에게 임할지도 모르는 결과에 대한 두려움으로 인해 하나님과 대면하기를 꺼려했다. 오늘날 사람들이 대면을 통하여 겪게 될 불이익으로 말미암아 비대면 방식의 연결을 택하는 것처럼, 그들에게도 대면을 꺼려 할 만한 일이 있었던 것이다.

찾으시는 하나님

그럼에도 불구하고 하나님께서는 그들을 찾으신다.

> 여호와 하나님이 아담을 부르시며 그에게 이르시되 네가 어디 있느냐 (창 3:9)

하나님께서 아담을 부르시며 질문하신다.

"네가 어디 있느냐?"

이 질문은 아담의 소재를 모르시기 때문에 하시는 질문이 아니다. 모든 것을 아시는 하나님께서 절대 모르실 리가 없다. 그럼에도 불구하고 질문을 하시는 것은 이 한마디에 하나님의 마음이 들어있기 때문이다. 그 마음은 아담과 대면을 원하시는 것이다.

아담도 이런 하나님의 마음을 모를 리가 없다. 아담은 하나님께서 자신을 만나고자 하시는 것을 안다. 하지만 아담은 하나님께서 금하신 일을 저질렀다. 그래서 하나님을 만나게 되면 무엇인가 불편하게 될 것이라고 생각했기에 비대면을 원한 것이다. 그럼에도 불구하고 대면을 원하시는 하나님은 왜 아담을 찾으시는 것일까?

여기서 먼저, 우리가 비대면의 시대에 왜 하나님을 대면해야 하는지에 대한 이유를 찾을 수 있다. 우리의 상황이 하나님을 대면하기 싫은 마음이 들 때라 할지라도 하나님은 우리와 대면하기를 원하신다는 것이다. 그 대면이 우리를 불편하게 할 수 있다. 그 만남을 통해 뭔가 안 좋은 일이 생길 것만 같다.

실제로 아담과 하와는 하나님과 대면할 때 먼저 불편한 질문들을 들어야 했다.

"누가 너의 벗었음을 네게 일렀느냐?"

"내가 네게 먹지 말라 명한 그 나무 열매를 네가 먹었느냐?"

이 질문들이 아담의 귀에 좋게 들릴 리가 없다. 그래서 핑계를 대며 변명을 했다. 그 변명 끝에 아담은 수고해야 땅의 소산을 얻을 수 있고, 하와는 고통 가운데 임신하고 출산을 하게 될 것이라는 말씀을 들었다.

이렇게 보면 하나님과의 대면은 아담이 예측했던 대로 불편하게 느껴지며, 주고받은 대화는 결코 좋은 느낌이 들지 않는다. 아담은 이런 불편한 상황을 피하기 위해 하나님으로부터 숨었을 수 있다.

왜 찾으시나?

하지만 여기서 우리는 생각을 좀 더 넓혀야 한다. 아담과 하와가 하나님을 대면하기 꺼려했던 이유는 무엇인가? 그럼에도 불구하고 하나님은 왜 그들을 만나시기 원하셨을까? 그들이 하나님을 만나기 싫어한다는 것을 모르고 계셨을까? 하나님의 궁극적인 목적이 그들의 잘못을 따지고 벌을 주시는 데 있는 것일까? 그래서 아담과 하와가 하나님을 만나기 싫어했던 것인가?

아담과 하와가 하나님을 대면하기 싫어한 이유는 분명하다. 그것은 죄 때문이다. 그들은 하나님께서 하지 말라고 하신 행동을 했다. 그것이 죄다. 죄는 피조물 된 우리가 창조주이신 하나님의 뜻을 따르지 않고 우리의 생각대로 하는 것이다. 주인이 아님에도 불구하고 주인인 줄 착각하여 우리 마음대로 하고자 하는 모든 말과 행동이 다 죄다. 뿐만 아니라 하나님께서 우리에게 주신 모든 것들, 그것이 보이는 것이든 안 보이는 것이든, 자기 마음대로 사용하는 것이 죄다.

이 죄의 첫 번째 결과는 하나님과의 대면을 어렵게 만든다는 것이다. 원래 하나님과의 대면에는 수없이 많은 유익들이 있다. 그 중 하나는 하나님께서 주시는 많은 것들을 누릴 수 있다는 것이다. 야고보서 말씀대로 온갖 좋은 것들이 빛들의 아버지이신 하나님께로부터 우리에게 임한다. 그러나 이 좋은 것들을 받아 누리지 못하게 하는 것이 바로 죄다. 아담과 하와가 범죄 하기 전에는 에덴에서 많은 것들을 누리고 있었다. 그런데 그들은 죄 때문에 그것들을 즐길 수 없게 되었다. 이것이 사단이 원하는 것이다. 우리가 하나님께로부터 받아 맛볼 수 있는 선한 것들을 막아서 절대 누리지 못하게 하는 것이다. 그래서 사단은 태초에 아담과 하와를 유혹해 죄를 짓게 만들었다. 그리고 그 죄를 범한 아담과 하와는 하나님과 대면하기를 피하게 되었다.

그럼에도 불구하고 하나님은 그들을 정죄하고 벌하시기 위해 찾으신 것이 아니었다. 물론 하나님과의 대면에 우리의 잘못을 깨닫고 용서를 구해야만 하는 시간들이 필요하다. 그러나 하나님과의 대면은 그것만이 전부가 아니다. 하나님께서 우리의 죄를 깨닫게 하시는 것은 용서의 은혜를 알게 하시기 위함이다. 더 나아가 죄인 된 우리들에게 변함없으신 하나님의 사랑을 알게 하시려는 것이다. 그래서 우리가 잠시 죄를 깨닫고 회개하는 고통은 있지만, 변함없는 하나님의 사랑을 경험하는 은혜 또한 크다는 것을 알게 된다. 더 나아가 이를 통해 회복된 관계 속에서 누리는 평화와 기쁨이 있다. 그 증거로 하나님께서는 아담과 하와에게 약속을 주셨다.

> 내가 너로 여자와 원수가 되게 하고 네 후손도 여자의 후손과 원수가 되게 하리니 여자의 후손은 네 머리를 상하게 할 것이요 너는 그의 발꿈치를 상하게 할 것이니라 하시고 (창 3:15)

이 말씀은 최초의 복음이라고 일컬어지는 하나님의 약속이다. 여자의 후손으로 이 땅에 오시게 될 예수님께서 사단에 의해 십자가에 달리시는 일을 겪는다. 하지만 예수님은 부활을 통해 사단의 계략을 파하심으로 그 머리를 상하게 하실 것이다. 이 약속이 죄를 지은 아담과 하와에게 주신 말씀이다. 하나님은 우리의 죄악 가운데서도 우리를 향한 선한 약속들을 하시고 그것을 이루어 가신다.

뿐만 아니라 하나님께서는 아담과 하와를 위하여 가죽옷을 지어 입히셨다.(창 3:21) 하나님께서는 무화과나무 잎을 엮어 자신들의 부끄러움을 가렸던 그들의 옷이 햇볕에 마를 것을 아셨다. 그래서 동물의 피를 흘리는 희생을 치르시고 손수 가죽옷을 지어 입히심으로 그들의 수치를 가릴 수 있게 해 주셨다.

이것이 하나님께서 대면을 원하시는 이유다. 그것은 단순히 죄를 추궁하고 벌하려는 것이 아니다. 죄 가운데에도 베푸시는 하나님의 약속과 사랑을 알게 하시기 위함이다. 그러하기에 우리는 잘못이나 허물이 있을지라도 하나님께 나아가는 것을 주저해서는 안 된다. 그것들이 하나님과 대면하는 것을 하지 못하게 할지라도 더 하나님을 찾아야 한다.

'나 같은 죄인을 하나님께서 만나 주실까?'

'나 같은 죄인이 하나님을 만날 수 있는 자격이 있을까?'

이런 생각이 밀려들어올 때 우리는 하나님을 대면하기에 더 힘써야 한다. 이런 생각들은 하나님에 대해 가지고 있는 편견일 뿐, 우리는 어떤 상태에서도 하나님을 만날 수 있다. 이스라엘 백성들의 죄악이 극에 달했을 때 하나님께서는 선지자 이사야를 보내서서 말씀하셨다.

여호와께서 말씀하시되 오라 우리가 서로 변론하자 너희의 죄가 주홍 같을

지라도 눈과 같이 희어질 것이요 진홍같이 붉을지라도 양털같이 희게 되리라 너희가 즐겨 순종하면 땅의 아름다운 소산을 먹을 것이요 (사1:18-19)

하나님은 죄 가운데 있는 이스라엘 백성에게 오라고 초청하신다. 만나자는 것이다. 만나서 대화하는 가운데 붉었던 죄가 하얗게 씻김 받는 은혜를 누리라는 것이다. 더 나아가 이 초청에 즐겁게 순종하면 그 땅에서 하나님이 주시는 풍성한 은혜를 누릴 수 있다고 약속하신다.

그래서 우리는 죄를 지었을 때에도 하나님을 찾기에 더욱 힘써야 한다. 그때 우리에게 용서와 사랑을 베풀어 주시는 하나님을 만나고 그분의 크신 은혜와 사랑을 더 깊이 깨달을 수 있다.

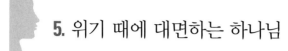

5. 위기 때에 대면하는 하나님

　사람이 어려운 일을 당하게 되면 돌파구를 찾는다. 상황에 따라 다를 수는 있지만, 대부분 사람들의 도움을 받을 때가 많다. 실제로 우리 사회에서는 환자들이 보건당국과 의료진들의 도움으로 치료와 회복을 도모한다. 범죄자를 만나 피해를 당한 경우에는 경찰 당국자들의 도움을 받아 문제를 해결한다. 급하게 재정의 어려움이 생겼을 때에는 금융 관계자들의 도움을 받는다. 이 모든 일들이 대개 사람을 통하여 진행된다.

　가족이나 친구 혹은 친지들이 옆에서 아픔을 나누고 공감하며 위로와 격려를 주고받을 수 있을지는 모르나 상황에 따라서는 실제적인 도움을 받는 것이 어려울 때가 있다. 그나마도 함께 할 사람이 있으면 다행인데, 그것조차도 힘들면 아주 난감해진다.

　코로나19가 가져다 준 문제 가운데 하나가 바로 이렇게 사람을 만나서 도움을 주고받는 일이 어려워졌다는 것이다. 힘든 문제일수록 얼굴을 마주 대하며 이야기하는 가운데 감정의 교류가 생기고, 아픈 마음을 나눌 수 있다. 그런데 비대면 방식으로 주고받는 대화는 아무리 매체가 발달했다 하더라도 감정을 잘 담아서 전달하는 것이 쉽지 않다. 대면하는 자리에서 마스크 하나만 썼을 뿐인데, 이야기를 나눌 때 의사소통이 충분히 이루어지지 않고 있다는 느낌을 받기도 한다. 그러니 지금은 사람을 통해 어려움을 나누고 도움을 주고받는 것이 한결 더 힘들어졌다.

이런 위기 상황에서 사람들마다 어려움을 해소하는 방식이 다를 수 있다. 그것이 유효할 수도 있고, 무익할 수도 있다. 분명한 것은 이러한 위기를 만날 때 하나님은 우리가 하나님을 대면하기 원하신다는 것이다.

벧엘에서

야곱은 일반적으로 집념의 사나이라고 불린다. 그가 형의 축복을 가로채기 위해 보인 행동, 아내 라헬을 얻기 위해 삼촌의 집에서 보낸 날들이 그러한 표현을 입증한다. 그런 야곱에게도 인생에 몇 차례 위기가 찾아온다. 첫 번째 위기는 집을 떠나면서 시작된다. 형 에서에게 가야 할 축복을 가로채기 위해 어머니의 가르침대로 아버지를 속이고 축복을 받은 야곱은 집을 떠나야만 하는 상황에 놓였다. 형의 보복을 피해 급하게 짐을 챙겨 집을 떠날 수밖에 없었던 야곱은 벧엘이라는 광야에서 홀로 첫날밤을 맞이한다. 그때 하나님께서 찾아오셨다. 그리고 그를 대면하시며 말씀하셨다.

또 본즉 여호와께서 그 위에 서서 이르시되 나는 여호와니 너의 조부 아브라함의 하나님이요 이삭의 하나님이라 네가 누워 있는 땅을 내가 너와 네 자손에게 주리니 네 자손이 땅의 티끌 같이 되어 네가 서쪽과 동쪽과 북쪽과

남쪽으로 퍼져 나갈지며 땅의 모든 족속이 너와 네 자손으로 말미암아 복을 받으리라 내가 너와 함께 있어 네가 어디로 가든지 너를 지키며 너를 이끌어 이 땅으로 돌아오게 할지라 내가 네게 허락한 것을 다 이루기까지 너를 떠나지 아니하리라 하신지라 (창 28:13-15)

야곱을 대면하신 하나님께서는 자신을 소개하신 다음에 여러 약속을 해 주신다. 그 속에는 그의 아버지나 할아버지와 했던 땅과 자손에 대한 언약들이 들어 있다. 그리고 그 언약들을 이루기 위해 하나님께서 야곱과 함께 하셔서 떠나지 않으시겠다고 하신다. 이러한 말씀들이 지금 야곱에게 얼마나 큰 힘이 되었겠는가?

그런데 이것이 더욱 귀하게 여겨지는 것은 약속의 내용 때문이 아니다. 지금 현재 야곱이 처해 있는 상황 때문이다. 야곱은 생전 처음으로 집을 떠났다. 늘 어머니 리브가 곁에 있으며 그녀의 사랑을 받았던 야곱이 그 품을 떠나 홀로 길을 가는 것이 얼마나 어려웠을까? 그렇게 맞이한 광야에서의 첫날밤은 얼마나 황량하고 외로웠을까? 잠들지 못하고 뒤척이던 밤에 찾아오신 하나님. 그 하나님께서 약속을 해 주실 때 야곱에게 있어 중요한 것은 그 내용들보다 자신을 잊지 않고 찾아와 대면해 주시는 하나님이시다. 아무도 도움을 줄 수 없는 황무한 광야에서 하나님께서 그와 함께 하신다는 것이 그분이 하신 약속보다 귀하다.

이 만남은 후에 야곱의 삼촌 라반의 집에서 수십 년을 보내는 동안 얼마나 큰 힘이 되는가? 당장에 여정이 단축되는 것도 아니고, 살 거처가 마련된 것도 아니고, 이후에 종살이 같은 삶을 살아야 하는 불편함도 있다. 하지만 부모님으로부터 말로만 들어왔던 하나님을 직접 대면한 것이 그 모든 시련들을 견딜 수 있는 힘이 되고도 남는다. 그래서 야곱은 이런 고백을 한다.

> 야곱이 잠이 깨어 이르되 여호와께서 과연 여기 계시거늘 내가 알지 못하였도다 이에 두려워하여 이르되 두렵도다 이 곳이여 이것은 다름 아닌 하나님의 집이요 이는 하늘의 문이로다 하고 야곱이 아침에 일찍이 일어나 베개로 삼았던 돌을 가져다가 기둥으로 세우고 그 위에 기름을 붓고 그 곳 이름을 벧엘이라 하였더라 이 성의 옛 이름은 루스더라 (창 28:16-19)

야곱은 자신이 하나님을 대면했던 곳이 하나님의 집이요, 하늘의 문이라는 고백을 하며 그곳을 기념하는 돌을 세운다.

얍복 나루에서

수십 년의 타향살이를 끝내고 고향으로 돌아오는 길에 야곱은 또 한 번의 위기에 직면한다. 그것은 그가 오래 전에 피해 떠나야만 했던 형 에서를 대면하는 일이다. 그가 고향으로 가려고 하면 필연적으로 형을 만날 수밖에 없는데, 형의 마음이나 생각이 어떤지를 전혀 알 수 없기 때문이다. 그래서 야곱은 종들을 먼저 형에게 보내며 명령한다.

"너희는 내 주 에서에게 이같이 말하라. 주의 종 야곱이 이같이 말하기를 내가 라반과 함께 거류하며 지금까지 머물러 있었사오며 내게 소와 나귀와 양 떼와 노비가 있으므로 사람을 보내어 내 주께 알리고 내 주께 은혜 받기를 원하나이다."

야곱은 형을 주라고 표현하며 형의 은혜를 입기를 바란다는 마음을 전하게 하였다. 그런데 이 명령을 받은 종들이 야곱의 형 에서를 만나고 돌아온 후 이렇게 보고한다.

"우리가 주인의 형 에서에게 이른즉 그가 사백 명을 거느리고 주인을 만나려고 오더이다."

예상치 못한 형의 반응에 야곱은 심히 두렵고 답답해졌다. 그래서 자신과 함께 한 모든 사람들과 가축을 두 떼로 나누어서 가게 한다. 이렇게 한이유는 만약 형이 앞서 간 한 떼를 친다면 나머지를 데리고 도망을 가겠다는 것이다. 이러한 전략을 세우고 난 후에도 두려움을 견딜 수 없었던 야곱은 하나님을 찾아 기도한다.

야곱이 또 이르되 내 조부 아브라함의 하나님, 내 아버지 이삭의 하나님 여호와여 주께서 전에 내게 명하시기를 네 고향, 네 족속에게로 돌아가라 내가 네게 은혜를 베풀리라 하셨나이다 나는 주께서 주의 종에게 베푸신 모든 은총과 모든 진실하심을 조금도 감당할 수 없사오나 내가 내 지팡이만 가지고 이 요단을 건넜더니 지금은 두 떼나 이루었나이다 내가 주께 간구하오니 내형의 손에서, 에서의 손에서 나를 건져내시옵소서 내가 그를 두려워함은 그가와서 나와 내 처자들을 칠까 겁이 나기 때문이니이다 주께서 말씀하시기를 내가 반드시 네게 은혜를 베풀어 네 씨로 바다의 셀 수 없는 모래와 같이 많게하리라 하셨나이다 (창 32:9-12)

야곱은 벧엘에서 자신을 대면해 주셨던 하나님께서 약속하신 말씀을 가지고 기도를 드리며 도움을 요청하고 있다. 많은 사람과 재물로도 위기를 극복할 수 없다는 현실을 인식한 야곱이 마지막으로 찾은 도움의 손길은 하나님이다.

그런데 야곱은 하나님께 기도를 한 후에도 계속 나름대로의 전략을 따라 사람들을 보낸다. 제일 먼저 종들과 가축들을 세 떼로 나누어 보내며 형에게 드리는 선물임을 강조한다. 그 뒤에는 가족들이 먼저 시내를 건너가게 한다. 그리고 야곱은 혼자 남았다. 사람들을 보내기는 하지만 그의 마음속에 있는 두려움마저 떠나보내지는 못한 것이다. 그러하기에 그는 혼자 남아 이 위기를 어떻게 돌파할 것인가 고민한다.

그때 성경은 어떤 사람이 날이 새도록 야곱과 씨름하였다고 말한다. 그는 자신이 야곱을 이기지 못하는 것을 보고 야곱의 허벅지를 친다. 그러자 야곱의 관절이 어긋났다. 씨름이 이토록 오래 지속된 것은 야곱이 그의 축복을 받고자 했기 때문이다. 야곱은 자신을 축복하지 않으면 보내지 않겠다는 굳은 결의로 그와 밤새 씨름했다. 그 결과 야곱은 이름이 '야곱'에서 '이스라엘'로 바뀌는 축복의 말씀을 듣는다. 이 축복을 듣고 난 후 야곱은 "내가 하나님과 대면하여 보았으나 내 생명이 보전되었다"고 고백한다.

야곱은 하나님을 대면한 것이다. 이를 통해 야곱은 두 가지를 얻었다. 하나는 이름이 바뀌는 것이고, 하나는 허벅지의 힘줄이 끊어진 것이다.

이름이 바뀌는 것은 정말 큰 축복이다. 그것이 후일에 지금까지도 존속하는 나라의 이름이 되고 야곱은 그 민족의 조상이 된다. 뿐만 아니라 이름 그대로 하나님과 겨루어 이겼으니 형을 만나는 것을 두려워하지 말라는 메시지를 받은 것이다. 형을 만나는 일은 두려워할 게 아니라 기뻐할 일이라는 것을 하나님께서 이름을 통해 알려 주셨다.

그 증거로 허벅지의 힘줄이 끊어져 다리를 절게 된 야곱은 이제 형을 만나도 뛰어 도망갈 수 없는 신세가 되었다. 좋게 말씀하셔도 될 일을 야곱에게 이렇게까지 하시는 것에 대해 의문이 있을 수 있다. 그러나 사람이 불안과 두려움이 큰 상태에서는 좋게 말하면 듣지 않는 경우들을 종종 보게 된다. 하나님께서는 그 마음을 아시고 극약처방으로 야곱에게 더 이상 도망갈 생각하지 말고 편안히 형을 만나라는 뜻을 전하신 것이다.

실제로 야곱이 형을 만났을 때 걱정했던 일들은 일어나지 않았다. 그들은 서로 부둥켜안고 입 맞추며 눈물을 흘렸다. 오랫동안 떨어져 있었던 형과의 재회는 형제애를 재확인하는 자리가 되었다. 얍복 나루의 위기에서 홀로 하나님을 대면한 결과는 화해와 평화의 회복이었다.

세겜에서

형을 만난 후 야곱은 세겜이라는 곳에 이르러 값을 지불하고 땅을 사서 정착을 하게 되었다. 그곳에 머무는 동안 야곱의 딸 디나가 외출을 했다가 그 성읍 추장의 아들에게 강간을 당하는 사건이 벌어진다. 디나를 강간했던 그가 그녀를 아내로 맞이하고 싶어 하자 추장은 야곱에게 그의 딸을 줄 것을 요청했다.

그 소식을 들은 야곱의 아들들은 심히 노여워했다. 그래서 그들은 속일 마음을 가지고 대답했다.

"할례 받지 아니한 사람에게 우리 누이를 줄 수 없으니, 너희 중 남자가 다 할례를 받고 우리 같이 되면 우리 딸을 너희에게 주겠다."

이 말을 들은 추장과 그 아들은 좋게 여기며 그 성읍의 모든 남자들이 다 할례를 받게 하였다. 사람들이 할례를 받고 아파할 때에 야곱의 두 아들은 성읍을 기습하여 그 안에 있는 모든 남자와 추장, 그리고 그 아들을 죽이고 디나를 데려온다. 다른 아들들 몇 명도 성읍으로 가서 사람들의 모든 재물과 집 속의 물건들을 빼앗아 왔다.

이 사실을 알게 된 야곱은 아들들에게 말한다.

"너희가 내게 화를 끼쳐 나로 하여금 이 땅의 주민 곧 가나안 족속과 브리스 족속에게 악취를 내게 하였도다. 나는 수가 적은즉 그들이 모여 나를 치고 나를 죽이리니 그러면 나와 내 집이 멸망하리라."

야곱은 부족들 간에 연맹이 잘 되는 지역에서 한 지역 부족을 멸했으니, 그 소식을 들은 이웃 부족들이 야곱의 가족을 절대 그냥 내버려둘 리가 없다고 생각한 것이다. 그리고 이로 인해 자신과 집안이 멸망할 수도 있다는 큰 두려움이 임했다. 야곱은 또 다시 큰 위기에 직면하게 된 것이다. 그때 하나님께서 야곱에게 말씀하셨다.

> 하나님이 야곱에게 이르시되 일어나 벧엘로 올라가서 거기 거주하며 네가 네 형 에서의 낯을 피하여 도망하던 때에 네게 나타났던 하나님께 거기서 제단을 쌓으라 하신지라 (창 35:1)

이 상황은 이전에 야곱이 하나님을 대면하던 때와는 다르다. 전에는 야곱이 홀로 남게 된 위기 속에서 하나님을 만나게 되었다. 그리고 그 위기를 돌파할 수 있는 말씀들을 받았다. 그런데 지금은 다르다. 야곱은 혼자 있지 않다. 말씀은 혼자 들었을 수도 있지만 아내들과 자녀들과 함께 있는 상황이다. 하나님께서는 위기 가운데 있는 야곱에게 자신을 처음 대면했던 벧엘로 올라가 제단을 쌓으라고 말씀하신다.

이것이 또 다른 점이다. 이전에는 하나님께서 먼저 찾아오셨다. 오셔서 야곱을 만나 주시며 말씀하셨다. 그런데 이번에는 하나님께서 야곱에게 벧엘로 가서 하나님을 찾고 만나라 하신다.

우리가 위기 가운데 있을 때 하나님께서 찾아오신다. 그러나 때로는 우리가 하나님을 찾도록 하신다. 우리가 찾을 때까지 기다리시기도 하시고, 우리가 하나님을 찾을 수밖에 없는 상황을 만들기도 하신다. 누가 먼저가 되었든지 분명한 것은, 위기는 하나님을 대면할 때라고 하는 것이다.

그래서 야곱은 자기와 함께 한 모든 사람들에게 이방 신상들을 버리고, 자신을 정결하게 하고 그들의 의복을 바꾸어 입고 일어나 벧엘로 올라가자고 한다. 그러자 사람들은 자기 손에 있는 모든 이방 신상들과 귀고리들을 야곱에게 주고 벧엘로 가서 하나님께 제단을 쌓았다. 거기서 하나님이 다시 야곱에게 나타나셔서 말씀하신다.

야곱이 걱정하던 일은 하나도 일어나지 않았다. 오히려 하나님께서는 그들이 세겜을 떠나 벧엘로 가는 동안 어느 부족도 가족을 해할 수 없도록 지켜주셨다. 위기 가운데 야곱을 부르신 하나님은 그가 위기를 극복할 수 있는 길을 열어주신 것이다.

이후에도 야곱의 생애에는 몇 번의 위기가 더 찾아온다. 가장 사랑하는 아들 요셉을 잃어버리는 일부터 인생 노년에는 긴 흉년을 만나게 된다. 그리고 양식을 구하러 갔던 아들 중 한 명이 붙잡히기도 하고, 보내기 싫어했던 막내아들 베냐민을 애굽으로 보내야만 했던 위기도 있었다. 그리고 마지막에는 애굽으로 이사를 하며 약속의 땅을 잃어버리는 위기도 만나게 된다.

이러한 위기를 겪을 때마다 하나님께서는 야곱을 대면하시면서 그가 두려워하지 말고 그 상황에 직면할 것을 말씀하셨다. 그러는 가운데 야곱은 잃어버렸던 아들 요셉을 다시 만나고, 애굽 총리의 아버지로 살다가 눈을 감는다. 이러한 야곱의 생애를 통해 우리는 위기 가운데 우리에게 가장 필요한 것이 하나님을 찾고 하나님을 대면하는 것임을 분명하게 알 수 있다.

6. 인생이 바뀌는 대면

우리가 왜 하나님을 대면해야 하는지 질문한다면 그 이유는 여러 가지로 제시할 수 있다. 앞서 본 대로 위기 가운데 하나님을 대면하는 것은 사람들이나 세상이 줄 수 없는 힘과 위로를 얻을 수 있고, 위기를 돌파할 수 있는 국면의 전환을 도모할 수 있기 때문이다. 이처럼 하나님을 대면하는 것은 우리의 삶을 바꾸는 기회가 되기도 한다. 그것이 한 순간의 위기를 극복하는 것으로만 끝나는 것이 아니라, 어떤 경우에는 인생 전체가 바뀌는 결과를 가져오기도 한다. 이 모든 것들이 하나님께로부터 임한다. 성경에는 그렇게 하나님과 대면하면서 인생 전체를 바꾼 사람들의 이야기가 여럿 나온다.

살아남는 대면

성경의 첫머리에서 하나님을 대면했던 아담의 불편함을 보았다. 하나님께서는 불편함을 주시려는 의도가 전혀 없으셨지만, 아담이 느끼는 불안함이 하나님과의 만남을 피하게 만들었다. 우리도 간혹 이런 불편함 때문에 하나님 만나는 것을 어렵게 느끼는지도 모르겠다. 그러나 성경을 계속 읽어나가다 보면 하나님을 만났던 사람들의 인생이 바뀌는 것을 자주 볼 수 있다.

그중에 우리가 잘 알고 있는 노아가 있다. 노아가 살던 시대는 하나님께서 홍수로 사람을 쓸어버리셔야 할 만큼 세상에 죄악이 넘쳤다. 이러한 때에 하나님의 부르심을 받은 노아는 많은 일을 해야 했다. 그중 대표적인 것이 방주를 만드는 것이었다. 적어도 수십 년의 세월이 걸릴 만큼 큰 방주를 제작하는 것이 그의 가족들에게 주어진 사명이었다. 이 명령을 들었을 때 노아가 보인 반응은 하나님께서 말씀하신 대로 다 행하는 것이었다. 그는 지시받은 수치와 모양대로 치밀하게 방주를 제작했다. 이 작업은 오직 노아와 그 가족들만이 진행해야 하는 방대하고 힘든 일이었다. 그러니 이런 일을 하도록 명령을 받는 노아가 하나님을 대면한 것은 결코 편안한 일이 아니었을 것이다.

뿐만 아니라 방주를 만들고 그 안에 온갖 동물들을 태우고, 또 동물들과 함께 홍수의 기간을 견디는 동안에 먹어야 할 식량을 준비해 싣는 일까지 해야 했다. 홍수가 나기 전까지 그는 끊임없이 일을 해야만 했다. 그 때까지 하나님을 대면했던 노아가 받은 것은 오직 명령뿐이었다.

"방주를 만들어라! 실어라! 태워라! 방주에 타라!"

하나님의 명령은 계속되었다. 그리고 노아는 그 명령에 다 순종했다. 어떻게 보면 이 만남은 일방적이라는 느낌이 든다. 그는 방주를 만들기 시작해서 방주에 타고 내릴 때까지 단 한 번도 입을 열지 않은 것처럼 성경이 기록하고 있다. 오직 하나님께서 말씀하시고 노아는 노예처럼 일만 한 듯

하다. 이렇게 보면 하나님을 대면했다기보다는 일방적으로 명령하고 이행하는 주종관계처럼 보이기도 한다.

오늘날 이런 식의 대면을 한다고 하면 누가 이것을 좋아하겠는가? 자신의 의견이나 생각은 단 한 번도 말할 수 없고, 왜 그래야 하는지, 꼭 그래야 하는지 이유를 묻는 일조차도 허락되지 않는 대면이라면 누가 그것을 기뻐하겠는가?

그러나 이러한 대면이 가져온 삶의 변화는 홍수가 끝난 다음에야 분명해진다. 하나님께서 말씀하신 홍수가 끝났을 때 세상은 변해 있었다. 세상에 살던 사람들이 다 홍수에 휩쓸려 사라진 것이다. 그리고 비가 그치고 새롭게 마른 땅에는 오직 노아와 그의 가족들만이 살아남았다. 모두 멸망을 당하는 세상 속에서 살아남아 인류의 새로운 조상이 되며 생명을 유전하고 번성케 하는 복을 받게 된다.

노아는 비록 하나님의 일방적인 명령에 순종해야 하는 관계 속에서 하나님을 대면했지만, 그로 인해 삶이 달라졌다. 다른 사람들과 똑같이 멸망당할 존재에서 살아남는 인생, 나아가 인류의 생명을 유전하는 삶으로의 변화가 이루어진 것이다.

복이 되는 대면

아브라함이 어떻게 하나님을 대면하게 되었는지는 성경에 자세히 나와 있지 않다. 다만 그가 하나님을 만났을 때 하나님께서 그에게 하신 말씀은 잘 알려져 있다.

여호와께서 아브람에게 이르시되 너는 너의 고향과 친척과 아버지의 집을 떠나 내가 네게 보여 줄 땅으로 가라 내가 너로 큰 민족을 이루고 네게 복을 주어 네 이름을 창대하게 하리니 너는 복이 될지라 너를 축복하는 자에게는 내가 복을 내리고 너를 저주하는 자에게는 내가 저주하리니 땅의 모든 족속이 너로 말미암아 복을 얻을 것이라 하신지라 (창 12:1-3)

하나님은 아브라함을 만나 여러 가지 약속을 하셨다. 큰 민족을 이루게 하시고, 복을 주시며, 이름을 창대하게 해 주시겠다고 하셨다. 이로 인해 우상을 만들고 섬기던 가문에서 태어났던 아브라함이 이스라엘 민족의 조상이 될 뿐만 아니라, 모든 믿는 자의 조상이 되는 영광을 누린다. 한 마디로 인생이 바뀌게 된 것이다. 하나님을 대면한 결과 아브라함은 그의 이름뿐만이 아니라, 인생 전체가 바뀌는 경험을 한다.

하지만 과정이 쉽지는 않았다. 위의 말씀에서도 나타나듯이 그는 고향과 친척과 아버지의 집을 떠나야 했다. 게다가 하나님께서 보여주시는 땅이라고는 하셨지만, 그 땅이 어디인지를 정확하게 알 수 없어 여기저기 헤맨 적도 많다. 그러는 중 아내를 빼앗겼다가 되찾는 일도 있었고, 함께 여정에 나섰던 조카 롯과 헤어지는 아픔도 있었다. 그러나 분명한 것은 시간이 지나면서 그의 인생이 달라졌다는 것이다. 오랫동안 기다렸던 아들을 얻고, 후손들이 영원히 정착하게 될 땅을 돈 주고 매입하기도 했다.

그런데 아브라함이 처음부터 하나님과 대면을 쉽게 했던 것은 아니다. 그는 하나님의 말씀을 듣고 갈대아 우르를 떠나 하란을 거쳐 가나안 땅에 이르렀다. 거기서 기근을 만나는 까닭에 그는 다시 애굽으로 갔다. 그곳에서 아브라함이 아내를 애굽 왕에게 빼앗기는 일을 겪는다. 이때 하나님은 그 왕을 만나 그녀를 돌려보내라고 말씀하셨다. 이때 하나님께서 아브라함을 만난 기록은 없다.

롯이 아브라함과 헤어지고 난 다음에 전쟁에 휘말려 포로로 끌려가게 되었다. 그때 아브라함이 집에서 훈련한 종들을 데리고 롯과 그 가족들을 찾아 왔는데, 이때에도 하나님을 대면했다는 말은 없다. 이렇듯 아브라함이라고 해서 매번 하나님을 대면했던 것은 아니다. 그렇지만 하나님께서는 어느 날 밤 아브라함을 찾아오셔서 밤하늘을 보여주시며 후손과 땅을 약속하신다. 결국 그는 하나님의 약속대로 자손도 얻고 땅도 얻고 하늘의 별과 같이 많은 민족의 조상이 된다.

용사가 되는 대면

기드온이 하나님을 만났던 시기는 이스라엘이 미디안의 침략으로 인해 고통을 당할 때였다. 미디안의 군대가 워낙 많고 강해서 이스라엘 백성들은 산에서 웅덩이와 굴과 산성을 만들고 피신할 정도였다. 미디안은 이스라엘의 토지소산과 가축들을 남기지 않고 탈취해 갔다. 이와 같은 고통이 극심하던 때에 기드온도 미디안의 공격을 피해 밀 타작을 넓은 마당에서 하지 못하고 좁은 포도주 틀에 숨어서 하고 있었다. 그때 하나님의 사자가 그를 찾아오셨다.

"큰 용사여! 여호와께서 너와 함께 계시도다."

뜻밖의 대면을 하게 된 기드온은 자신을 부르는 표현에 큰 관심이 없어 보인다. 다만, 그가 궁금해 하던 것을 바로 질문한다.

"오, 나의 주여! 여호와께서 우리와 함께 계시면 어찌하여 이 모든 일이 우리에게 일어났나이까? 또 우리 조상들이 일찍이 우리에게 이르기를 여호와께서 우리를 애굽에서 올라오게 하신 것이 아니냐 한 그 모든 이적이 어디 있나이까? 이제 여호와께서 우리를 버리사 미디안의 손에 우리를 넘겨주셨나이다."

이 질문들 속에는 그가 겪고 있는 일들로 인한 괴로움과 두려움이 뒤섞여 있다. 그런데 이 말을 들으신 하나님께서는 질문과 전혀 관계없이 기드온에게 말씀하신다.

"너는 가서 너의 힘으로 이스라엘을 미디안의 손에서 구원하라."

아이러니하지 않은가? 기드온은 왜 우리에게 이런 일이 일어났냐며 하나님을 원망했던 사람이다. 또한 미디안의 공격이 두려워 포도주 틀에 숨어서 몰래 밀을 타작하던 겁쟁이다. 그런데 하나님께서는 그를 용사라 부르시며 그의 힘으로 이스라엘을 구원하라고 말씀하시는 것이다.

이런 하나님의 답변을 듣자, 기드온은 두려움을 가지고 대답한다.

"오, 주여! 내가 무엇으로 이스라엘을 구원하리이까? 보소서! 나의 집은 므낫세 중에 극히 약하고 나는 내 아버지 집에서 가장 작은 자니이다."

기드온은 자신의 처지나 상황이 누구를 구원하기에는 역부족이라는 사실을 말하고 있다. 그러자 하나님께서 말씀하신다.

"내가 반드시 너와 함께 하리니 네가 미디안 사람 치기를 한 사람을 치듯 하리라."

여기서 기드온이 용사가 되어 이스라엘을 구원할 수 있는 이유를 말씀하신다. 그것은 하나님께서 함께 하시기 때문이다. 그렇기 때문에 미디안 사람이 아무리 많을지라도 가볍게 이길 수 있다고 말씀하신다. 이것이 처음으로 기드온이 하나님을 대면하는 자리에서 나눈 대화다.

대화는 여기에서 그치지 않는다. 하나님의 말씀을 들었지만 이를 신뢰할 수 없었던 기드온은 자신과 대화를 나누는 분이 하나님이신지 확인하기 위해 표징을 달라고 요청한다. 하나님은 그가 원하는 방식대로 표징을 보여주셨다. 그리고 그 날 밤 여호와께서 기드온에게 용사로서의 첫 번째 임무를 주신다.

그 날 밤에 여호와께서 기드온에게 이르시되 네 아버지에게 있는 수소 곧 칠 년 된 둘째 수소를 끌어 오고 네 아버지에게 있는 바알의 제단을 헐며 그 곁의 아세라 상을 찍고 또 이 산성 꼭대기에 네 하나님 여호와를 위하여 규례대로 한 제단을 쌓고 그 둘째 수소를 잡아 네가 찍은 아세라 나무로 번제를 드릴지니라 하시니라 (삿 6:25-26)

기드온은 하나님의 명령대로 종 열 사람을 데리고 가서 바알의 제단을 파괴한다. 이 사실이 나중에 그 성읍 사람들에게 밝혀지자 기드온은 바알과 더불어 싸우는 자라는 별명을 얻게 된다. 드디어 기드온이 용사가 되는 순간이다. 김영봉은 『사귐의 기도』에서 이렇게 말한다.

하나님을 대면하는 것이 겉으로는 두렵고 불편하고 손해 보는 일처럼 보일 수 있다. 하지만 진실은 그 반대다. 그것은 모든 두려움을 극복하는 길이요 불편한 삶을 청산하는 길이요 인생 최대의 손해를 마감하는 길이다. 피해야 할 일이 아니라 생명을 걸고 추구해야 할 일이다.[12]

---

12 김영봉, 『사귐의 기도』 (서울:IVP, 2002), 29쪽.

이렇게 하나님과의 대면은 현재의 상황을 두려워하던 자들이 그 두려움을 이기고 담대하게 나아갈 수 있게 만든다.

빛이 되는 대면

하나님을 대면함으로 인생의 가장 큰 변화를 겪은 사람을 꼽으라고 하면 사도 바울이라 말할 수 있을 것이다. 물론 그가 대면했던 분이 정확하게는 하나님이 아니라 예수님이시만 그 대면이 가져온 변화는 참으로 크다. 그는 그 대면이 있기 전까지 예수님의 이름으로 모이는 사람들을 핍박했다. 그들이 모인 곳을 찾아가서 잡아 결박하기도 하고, 죽일 권세를 위임받아 해하는 일도 주저하지 않았다. 그가 예수님과 대면을 하던 날도 바로 그 일을 하기 위해 가던 길이었다.

그는 갑자기 하늘로부터 빛이 둘러 비추며 그를 부르시는 음성을 듣게 된다.

"사울아! 사울아! 네가 어찌하여 나를 박해하느냐?"

이 음성을 통해 사울은 자신을 대면하여 말씀하시는 분이 예수님이심을 알게 된다. 그리고 그는 예수님의 명령에 따라 시내로 들어가 그분이 지시하신 사람을 만난다.

그날 이후로 사울의 인생이 달라진다. 주님을 핍박하던 자에서 주님을 위해 헌신하고 일생을 바치는 선교사요 목회자요 신학자의 삶을 살게 된 것이다. 2000년 교회 역사 속에서 어떤 사람도 그를 따를 자가 없을 정도의 위대한 사역들을 감당하며 교회사에 큰 이름을 남기고, 우리에게 성경을 유산으로 물려주기도 한다. 사도 바울은 빛 가운데 예수님을 대면했고 그로 인해 스스로 빛 된 삶을 살며 어두운 세상을 밝혀 주었다. 그리고 지금은 영원한 빛이 되어 우리를 주님과 대면하는 자리로 이끌어 주고 있다.

이처럼 하나님을 대면하는 것은 사람의 인생을 바꾸는 결과를 가져온다. 멸망할 인생이 구원을 받기도 하고, 무명으로 살던 자가 유명해지기도 하며, 겁쟁이가 용감한 전사가 되기도 하고, 각박했던 인생에 복이 임하기도 하고, 행악자가 선교사가 되며 신학자가 되기도 한다. 분명한 것은 불운하고 어두웠던 인생이 하나님과의 대면을 통해 다시 형통케 되고 빛과 같은 삶을 사는 은혜를 누리게 된다는 것이다.

7. 하나님의 친구 같은 대면

친구와 이야기함 같이

관계를 표현하는 많은 단어들이 있다. 어느 정도 알고 지내는 사이에는 지인이라는 표현을 쓴다. 사랑하는 사람들은 연인이라고 한다. 요즘은 '일로 만난 사이'라고 하여 직업이 아니었다면 전혀 관계를 가지지 않았을 것 같은 표현을 사용하기도 한다. 그런 면에서 친구라는 표현은 특별하다. 친구는 '가깝게 오래 사귄 사람'이라는 의미를 가지고 있다. 어쩌다 한두 번 만나거나 일을 하기 위해 만나게 된 관계가 아니다. 긴 시간을 두고 가까이 지낸 관계다. 하나님께서는 모세와 대면하여 말씀하시기를 마치 사람이 자기 친구와 이야기함 같이 하셨다고 한다.

사람이 자기의 친구와 이야기함 같이 여호와께서는 모세와 대면하여 말씀하시며 모세는 진으로 돌아오나 눈의 아들 젊은 수종자 여호수아는 회막을 떠나지 아니하니라 (출 33:11)

어떻게 보면 하나님과 모세는 일로 만난 사이로 시작되었다고 할 수 있다. 하나님은 자신의 뜻을 이루어가시기 위해 미디안 광야에 있었던 모세를 고용하여 일을 진행하셨다. 하지만 그 관계는 단순히 일로 만난 사이로만 머물지 않았다. 성경은 사람이 자기의 친구와 이야기함 같이 하나님께서 모세와 대면하셨다고 한다. 이것은 성경 저자의 주장이 아니라 하나님의 표현이기도 하다. 하나님께서는 자신과 모세의 관계를 그의 남매였던 아론과 미리암에게 이렇게 말씀하신다.

> 그와는 내가 대면하여 명백히 말하고 은밀한 말로 하지 아니하며 그는 또 여호와의 형상을 보거늘 너희가 어찌하여 내 종 모세 비방하기를 두려워하지 아니하느냐 (민 12:8)

이 말씀 속에는 성경이 말하는 친구의 개념이 들어있다. 대면하여 명백히 말하고 은밀한 말로 대화하지 않는 관계, 이것이 하나님과 모세와의 관계였다. 그래서 모세는 사람이 자기 친구와 이야기함 같이 하나님과 대면하여 이야기를 나누었다. 우리가 어디까지 하나님을 대면할 수 있냐고 질문한다면 아마 이 말씀이 답이 될 것이다. "대면하여 명백히 말하는 관계."

> 그 후에는 이스라엘에 모세와 같은 선지자가 일어나지 못하였나니 모세는 여호와께서 대면하여 아시던 자요 (신 34:10)

모세 이후로 이스라엘에 모세와 같은 선지자가 없었다고 한다. 예수님께서 이 땅에 계셨을 때도 모세는 구약의 대표하는 특별한 선지자였다. 그 특별함은 바로 그가 하나님과 대면하였고, 하나님께서 아시던 사람이라는 점에서 비롯된다. 그렇다면 그는 어떻게 그렇게 하나님과 대면하는 친구의 관계가 될 수 있었을까?

두려워하지 않고

모세가 하나님을 처음 대면하게 된 것은 미디안 광야에 있을 때로 알려진다. 물론 그전에 다양한 경로를 통해 하나님에 대해 듣거나 알 기회를 가졌을 수도 있다. 그러나 그가 직접적으로 하나님과 마주치게 된 것은 호렙산에서다. 하나님의 사자가 떨기나무 불꽃 가운데 임재하셔서 그에게 말을 거셨다. 이때부터 모세는 하나님을 만나 말씀을 듣고 애굽으로 가서 바로왕으로부터 이스라엘 백성들을 건져내는 사역을 감당한다. 일을 하는 동안에 그는 계속해서 하나님과 대면하며 방향을 지시받고 명령들을 수행하며 하나님과 함께 출애굽의 역사들을 이루어간다.

그 사역들을 결코 쉬운 일이 아니었다. 그는 당시 강대국이었던 애굽의 왕을 찾아가 그들이 노예로 부리던 이스라엘 백성들을 해방시키라는 하나님의 뜻을 전해야 했다. 또한 이스라엘 백성들을 이끌고 애굽을 떠나 광야를 통과하는 지도력도 발휘해야 했다. 그 과정 중에 종종 원망과 불평을 쏟아놓는 백성들을 설득하거나 하나님의 말씀을 전하기도 했다. 때로는 그들로부터 죽임을 당할 뻔한 일도 겪었다. 게다가 하나님께서 명령하신 율법을 받아 전달하고, 기록하고, 그 율법대로 성막을 제작하고 제사 예법을 가르치는 일까지 수행했다. 이 모든 일들을 행할 때 모세는 단독으로 행동하지 않았다. 그는 언제나 하나님과 대면하며 하나님께서 말씀하신 대로 듣고 그 책임을 담당했다.

이렇게 모세는 하나님과 함께 많은 일들을 감당하며 전혀 불편함을 느끼지 않았던 것으로 보인다. 반면에 모세가 하나님과 대면할 때 이스라엘 백성들이 보인 반응은 하나님을 대면하기 꺼려한다는 것이다.

> 뭇 백성이 우레와 번개와 나팔 소리와 산의 연기를 본지라 그들이 볼 때에 떨며 멀리 서서 모세에게 이르되 당신이 우리에게 말씀하소서 우리가 들으리이다 하나님이 우리에게 말씀하시지 말게 하소서 우리가 죽을까 하나이다 (출 20:18-19)

시내산에 하나님께서 강림하시는 증거로 우레와 번개와 연기가 나타났다. 이것을 보고 이스라엘 백성들은 하나님을 직접 대면하기를 두려워한다. 그래서 하나님께서 자신들에게 직접 말씀하시기보다, 모세가 하나님의 말씀을 대신 듣고 자신들에게 전해주기를 원한다. 이것이 그들의 반응이었다. 이때 모세가 백성들에게 말한다.

"두려워하지 말라. 하나님이 임하심은 너희를 시험하고 너희로 경외하여 범죄하지 않게 하려 하심이니라."

이렇게 말하고 모세는 백성들이 멀리 서 있을 때 하나님이 계신 빽빽한 구름 속으로 나아간다.

이처럼 하나님과 대면하는 일은 두려운 일이 될 수 있다. 그럼에도 불구하고 모세는 주저하지 않고 하나님께서 계신 흑암으로 더 가까이 나아가 하나님을 만나고 하나님의 말씀을 듣는다. 모세나 백성들이나 동일하게 하나님을 대면할 수 있는 자리에 있었다. 하지만 누가 더 가까이 나가느냐 하는 것은 각자의 선택에 따라 달라진다.

대면의 선택

하나님과 대면하는 것은 오직 하나님께서만 주도권을 가지고 계신 것이 아니다. 그것은 우리의 선택의 문제가 될 수 있다. 하나님은 누구라도 대면하기를 원하신다. 모세도 그렇게 생각했다. 다음은 모세가 하나님과 나눈 대화 내용이다.

이 땅 거주민에게 전하리이다 주 여호와께서 이 백성 중에 계심을 그들도 들었으니 곧 주 여호와께서 대면하여 보이시며 주의 구름이 그들 위에 섰으며 주께서 낮에는 구름 기둥 가운데에서, 밤에는 불기둥 가운데에서 그들 앞에 행하시는 것이니이다 (민 14:14)

이 말씀 속에서 모세는 자신만 하나님을 대면했다고 말하지 않는다. 이스라엘 백성 전체가 하나님을 대면했다고 표현한다. 정확하게는 하나님께서 그들에게 대면하여 보이셨다고 한다. 모세는 임종할 시기가 다 되어 신명기 율법을 전할 때에도 이것을 다시 언급한다.

여호와께서 산 위 불 가운데에서 너희와 대면하여 말씀하시매 (신 5:4)

모세는 하나님께서 산 위 불 가운데에서 이스라엘 백성 전체와 대면하여 말씀하셨다고 말한다. 물론 실제로는 모세가 개인적으로 하나님을 대면했다고 할 수 있으나, 모세는 그것이 이스라엘 백성 전체를 대면한 것이라고 본 것이다.

이렇게 보면 하나님을 대면하는 것은 하나님께서 주권적으로 결정하시는 것이 아님을 알 수 있다. 대면의 선택은 사람들에게 달려있다. 혹 하나님 앞에 나아오는 자가 실수와 허물이 있을지라도 하나님은 대면을 거부하지 않으신다. 오히려 이스라엘 백성들이 하나님과 대면하기를 꺼려했던 것이다. 물론 그들이 그동안에 저질렀던 실수와 허물로 인해 하나님께 가까이 나아가는 것에 대한 부담을 가지게 되었을지 모른다. 이것은 그들을 용납하시는 하나님의 마음과는 관계없이 자신들의 생각에 따라 가지는 부담이다. 그러다 보니 모세만 하나님을 대면하게 되었다.

우리가 분명히 알아야 하는 것은 하나님을 대면하는 것이 어떤 특정인의 전유물이나 개인만의 특권이 아니라는 것이다. 우리는 누구라도 하나님을 대면할 수 있다. 문제는 우리 안에 하나님을 만나고자 하는 마음이 있는가 하는 것이다. 우리들 대부분은 이스라엘 백성들처럼 하나님께 가까이 나아가 대면하는 것을 불편해 한다. 그 이유가 이스라엘 백성들이 가지고 있었던 두려움 때문일 수도 있고, 하나님을 만나게 되면 성경 속의 인물들처럼 복잡한 인생을 살게 될지도 모른다는 염려 때문일 수도 있다.

하나님의 응원

그렇게 보면 하나님을 대면하지 않는 사람들이 대부분인 시대에 홀로 하나님을 대면한다는 것은 어리석은 일처럼 보일 수도 있다. 그럼에도 불구하고 모세의 시대에 하나님을 대면하기 원했던 또 한 사람이 있다.

사람이 자기의 친구와 이야기함 같이 여호와께서는 모세와 대면하여 말씀하시며 모세는 진으로 돌아오나 눈의 아들 젊은 수종자 여호수아는 회막을 떠나지 아니하니라 (출 33:11)

대부분의 사람들이 하나님을 직접 대면하기를 꺼려하던 시대에 모세의 젊은 일꾼이었던 여호수아는 달랐다. 모세가 하나님과의 대면을 끝내고 회막을 떠나고 난 이후에도 여호수아는 그곳을 떠나지 않았다. 이것은 단순히 회막을 지키기 위한 것이 아니다. 이에 대하여 데이빗 로스(David E. Ross)목사는 이렇게 말한다.

모세가 회막을 나와 진으로 돌아올 때 여호수아가 회막을 떠나지 않으려 한 것은, 조금도 놀라운 것이 아니다. 그는 뒤에 남아 모세에게 말씀하셨던 여호와를 기다렸다. 모세에게 들려주신 동일한 음성이 자신의 이름을 불러주시기를 기다렸고, 그분의 말씀 듣기를 열망했다. 하나님이 그를 찾고 그의 이름을 경외하며 사슴이 시냇물을 찾듯이 그를 갈망하는 자들을 위해 예비하신 친밀함을 자신에게도 나누어 주시기를 간절히 바랐다. 여호수아의 마음은 하나님을 대면하여 만나기를 소원하고 자신이 "알지 못하는 크고 비밀한 일"을 듣기를 열망하는 모든 자녀들의 마음이다.[13]

여호수아는 하나님과 대면하기를 갈망했다. 그래서 모세가 하나님과 만났던 회막을 쉽게 떠날 수 없었다. 여호수아는 이렇게 모세의 뒤를 따르다

---

13 David E. Ross, 양혜원 역 『묵상하는 그리스도인』 (예수전도단, 2005), 213쪽.

가 그가 세상을 떠난 이후 이스라엘 백성들을 이끌고 가나안 땅을 들어가는 귀한 사역을 감당한다. 한 시대에 큰 발자국을 남긴 거인 지도자의 바로 뒤를 잇는다는 것은 참으로 두려운 일이다. 그가 하나님께서 주신 사역을 감당하고자 했을 때 얼마나 부담이 되고 두려움에 사로잡혀 있었을까? 이때 하나님께서 여호수아를 만나 말씀하신다.

> 네 평생에 너를 능히 대적할 자가 없으리니 내가 모세와 함께 있었던 것 같이 너와 함께 있을 것임이니라 내가 너를 떠나지 아니하며 버리지 아니하리니 강하고 담대하라 너는 내가 그들의 조상에게 맹세하여 그들에게 주리라 한 땅을 이 백성에게 차지하게 하리라 (수 1:5-6)

이 얼마나 힘이 되는 말씀인가? 네 평생에 너를 대적할 자가 없을 것이다. 모세와 함께 있었던 것 같이 내가 너와 함께 있을 것이다. 내가 너를 떠나지 않을 것이다. 내가 그들에게 주리라고 약속한 땅을 차지하게 하리라. 하나님께서 하시는 말씀 하나하나가 지금 많은 백성을 이끌어야 하는 지도자 여호수아에게는 강력한 응원으로 들려온다. 이는 어려서부터 하나님을 만나고자 갈망했던 여호수아에게 주시는 선물이라고 할 수 있다. 이것이 우리가 하나님을 대면해야 하는 이유이다. 하나님은 자신을 찾는 자를 만나주시고, 그분의 음성을 듣고자 하는 자에게 말씀하신다. 그리고 그 만남과 말씀은 하나님을 대면하는 자에게 큰 힘이 된다.

8. 하나님을 대면하는 고통

　성경에는 사람들이 하나님과 직접 대면하였다는 표현이 나오지만, 대부분의 사람들은 하나님과 만나는 것을 힘들어 했다. 브니엘에서 하나님과 씨름했던 야곱은 뒤늦게 자신이 만난 분이 하나님이심을 알고 "내가 하나님과 대면하여 보았으나 내 생명이 보전되었다"(창 32:30)고 고백했다. 이는 하나님과 만났음에도 불구하고 생명을 건질 수 있었음에 대한 안도로 보인다.

　사사 기드온도 하나님의 사자를 처음 만나고 난 후 "슬프도소이다 주 여호와여 내가 여호와의 사자를 대면하여 보았나이다"라고 고백했다. 그가 슬픈 것은 자신이 감히 하나님의 사자를 만날만한 존재가 아닌데 만났기 때문이다. 이런 모습은 후에 하나님의 부르심을 받고 선지자의 삶을 살았던 이사야나 예레미야에게서도 찾아볼 수 있다. 이들의 고백들을 보게 되면 하나님을 만난다는 것이 쉬운 일이 아님을 알 수 있다. 하나님을 대면하는 것은 때로는 두려움으로, 아니면 그 두려움에서 비롯된 슬픔의 감정을 불러일으키는 것으로 나타난다.

슬프도소이다

선지자 예레미야는 어린 나이에 하나님을 말씀을 들으면서 고통을 표현한다.

> 여호와의 말씀이 내게 임하니라 이르시되 내가 너를 모태에 짓기 전에 너를
> 알았고 네가 배에서 나오기 전에 너를 성별하였고 너를 여러 나라의 선지자로
> 세웠노라 하시기로 내가 이르되 슬프도소이다 주 여호와여 보소서 나는 아이
> 라 말할 줄을 알지 못하나이다 하니 (렘 1:4-6)

이 말씀은 성경 상에서 예레미야가 처음으로 하나님을 만난 자리로 보인다. 그곳에서 하나님께서는 예레미야를 선지자로 세우시기 위해 오래 전부터 그를 구별하셨다고 말씀하신다. 이 말씀을 들은 예레미야는 자신이 어려서 말하는 것이 익숙하지 않다며 슬프다고 반응한다.

여기까지만 보면 하나님을 만나는 예레미야가 많이 힘들어 보인다. 이때 힘들다는 것은 하나님과 대면하는 자체의 어려움이 아니라, 하나님을 만난 이후에 감당해야 할 일들이 힘들다는 것이다. 실제로 예레미야는 선지자로서 사역을 감당하다가 감옥에 갇히기도 하고, 구덩이에 던져짐을 당하기도 하고, 뺨을 맞기도 하는 어려움들을 겪는다. 그는 이런 일들이 일어날 것을 어느 정도 알고 있었기 때문에 하나님과 첫 대면하는 자리를 슬퍼했는지도 모른다.

하지만 슬픔을 표현하는 예레미야에게 하나님께서는 계속 말씀하신다.

여호와께서 내게 이르시되 너는 아이라 말하지 말고 내가 너를 누구에게 보내든지 너는 가며 내가 네게 무엇을 명령하든지 너는 말할지니라 너는 그들 때문에 두려워하지 말라 내가 너와 함께 하여 너를 구원하리라 나 여호와의 말이니라 하시고 (렘 1:7-8)

하나님은 예레미야에게 두려워하지 말라고 하신다. 그리고 하나님이 함께 하셔서 예레미야를 구원하시겠다고 약속하신다. 이와 같은 약속은 이후에도 계속된다.

그러므로 너는 네 허리를 동이고 일어나 내가 네게 명령한 바를 다 그들에게 말하라 그들 때문에 두려워하지 말라 네가 그들 앞에서 두려움을 당하지 않게 하리라 보라 내가 오늘 너를 그 온 땅과 유다 왕들과 그 지도자들과 그 제사장들과 그 땅 백성 앞에 견고한 성읍, 쇠기둥, 놋성벽이 되게 하였은즉 그들이 너를 치나 너를 이기지 못하리니 이는 내가 너와 함께 하여 너를 구원할 것임이니라 여호와의 말이니라 (렘 1:17-19)

하나님께서는 다시 한 번 예레미야에게 두려워하지 말 것을 명령하시며 그와 함께 하셔서 구원하실 것을 약속하신다. 그래서 예레미야는 이 약속의 말씀을 붙들고 자신이 들은 하나님의 뜻을 전하기 위해 이스라엘 백성들을 만나게 된다.

하나님의 구원

그렇다면 하나님을 대면한 이후 예레미야의 삶은 어떻게 되었을까? 정말 힘들고 고달픈 날들이었을까? 그가 말씀을 전하는 선지자로서의 사명을 감당하며 겪었던 일들을 보면, 표면적으로 그는 고통스러운 시간을 보냈던 것이 틀림없다. 그렇다면 하나님께서 함께 하셔서 그를 구원하시겠다고 하는 약속은 도대체 어떻게 된 것인가?

여기서 우리는 하나님께서 말씀하시는 구원과 하나님을 대면하는 것의 의미를 잘 생각해 보아야 한다. 우리는 일반적으로 우리가 처한 악한 상황에서 벗어나는 것을 구원이라고 생각한다. 사망에서 벗어나 영생을 얻는 것, 지옥에서 벗어나 천국에 거하는 것, 그리고 이 세상에서는 질병이나 가난에서 벗어나 건강이나 부요함에 거하는 것을 구원으로 이해한다.

그러나 예수님께서 말씀하신 구원은 하나님과 예수님을 아는 것(요 17:3)이다. 여기서 안다는 것은 단순히 지식을 말하는 것이 아니라 깊은 사귐 속에 관계를 맺는 것이다. 그러므로 구원은 하나님과의 깊은 관계와 교제 속에 들어가는 것이다. 그래서 이 땅에서부터 영원토록 하나님과 깊은 사귐의 기쁨을 누리는 것이 구원이다.

하나님은 지금 예레미야에게 바로 그 구원을 약속하신다. 그것은 예레미야가 선지자의 사역을 감당할 때 비난을 받고 모욕을 당하는 자리를 피하게 하시는 것이 아니다. 오히려 그 수난과 핍박의 자리에서 함께 하고 계시는 하나님을 경험하는 구원이다. 그래서 하나님께서는 예레미야가 견고한 성읍과 쇠기둥, 놋 성벽이 되게 하겠다고 약속하셨다. 어떤 공격에도 흔들림이 없는 단단함을 주시겠다는 의미다. 이것이 하나님을 대면하는 자가 그 말씀 따라 나아갈 때에 베푸시는 은혜다.

삶이 힘들지 않은 인생이 어디 있으랴? 선지자의 삶을 살든, 평범한 그리스도인으로 살아가든 모든 인생은 힘들다. 특히 비대면의 시대는 더욱 그렇다. 많은 것의 제한이 있고, 불확실성은 더욱 커졌다. 이러한 때에 정말 두려운 것은 우리 혼자 이 어려움들을 헤쳐 나가야 한다는 것이다. 수고를 피할 수 없는 것이 우리의 인생이라면 우리를 변함없이 사랑하시는 하나님과 함께 헤쳐 나가는 것이 훨씬 힘이 되지 않는가?

부정한 중에도

이사야도 사역을 시작하면서 예레미야처럼 하나님을 대면하는 자리가 있었다. 그런데 그 만남의 양상이 예레미야와는 조금 다르다.

웃시야 왕이 죽던 해에 이사야는 환상을 본다. 하나님께서 높이 들린 보좌에 앉으셨고, 그분의 옷자락은 성전에 가득하며 스랍이라고 하는 천사들이 하나님을 모시고 있었다. 그 천사들은 여섯 날개로 자기의 얼굴과 발을 가리고 공중을 날며 하나님을 찬양한다. 그 천사들의 소리와 함께 성전 문지방의 터가 요동하며 성전 안에 연기가 가득하게 되었다. 그 때에 이사야가 한 말이다.

> 그 때에 내가 말하되 화로다 나여 망하게 되었도다 나는 입술이 부정한 사람이요 나는 입술이 부정한 백성 중에 거주하면서 만군의 여호와이신 왕을 뵈었음이로다 하였더라(사 6:5)

이사야는 하나님과 대면하는 것을 두려워했다. 자신이 부정한 사람이요 입술이 부정한 사람들 가운데 거하는 자라고 하면서 만군의 여호와를 뵙는다는 것이 불경하다는 고백을 한다. 이는 천사들이 찬양한 대로 거룩하시고 거룩하신 하나님의 영광 앞에서 자신의 죄악과 더러움이 드러나는 게 무서웠던 것이다. 그래서 자신이 망했다고까지 고백한다. 여기까지만 읽으면 하나님을 대면하는 것은 정말 어려운 일처럼 보인다. 다음은 그렇게 고백하는 이사야에게 일어난 일이다.

> 그 때에 그 스랍 중의 하나가 부젓가락으로 제단에서 집은 바 핀 숯을 손에 가지고 내게로 날아와서 그것을 내 입술에 대며 이르되 보라 이것이 네 입에 닿았으니 네 악이 제하여졌고 네 죄가 사하여졌느니라 하더라 (사 6:6-7)

천사 중 하나가 이사야의 입술에 숯을 대며 말씀하신다. "네 악이 제하여졌고 네 죄가 사하여졌다." 이 말씀을 주목하는 것은 스스로 부정하다고 인정하는 이사야를 향해 하나님께서 천사를 통해 그의 악과 죄가 사함을 받았다고 선언해 주셨기 때문이다. 이것이 우리가 두려움 가운데서도 하나님을 대면해야 하는 이유다.

죄 가운데 하나님을 만나는 것은 정말 무서운 일이다. 그러나 그렇다고 해서 만남을 피하는 것이 능사는 아니다. 그보다는 우리가 부정하다는 사실을 인정하고 더욱 하나님을 찾아야 한다. 그리고 우리의 부정함을 정직하게 고백해야 한다. 하나님께서는 절대 우리를 책망하시거나 벌하시지 않는다. 오히려 그 진심어린 고백을 들으시고 우리를 긍휼히 여기셔서 용서와 자비를 베풀어 주신다. 그리고 그 증거로 이제 하나님과 함께 새로운 삶을 살게 하신다.

> 내가 또 주의 목소리를 들으니 주께서 이르시되 내가 누구를 보내며 누가 우리를 위하여 갈꼬 하시니 그 때에 내가 이르되 내가 여기 있나이다 나를 보내소서 하였더니 (사 6:8)

이사야를 용서하신 하나님께서는 보낼 사람을 찾으신다고 하셨다. 그 부르심에 이사야는 이제 부르심을 따라 나가겠으니, 자신을 보내시라고 말씀을 드린다. 그래서 이사야는 말씀을 전하는 선지자의 사역을 감당하게 된다.

이렇게 보면 이사야도 매우 힘들게 하나님과 대면하는 과정이 있었다. 그리고 그 힘듦은 부정함을 가진 자가 거룩하신 하나님을 만나는 것에 대한 두려움이었다. 그런데 놀랍게도 하나님께서는 이사야의 부정한 입술을 제단의 숯불로 정결케 하신다. 그리고 이제 그 입으로 말씀을 전하는 사역자로 나갈 것을 당부하신다. 여기에 우리가 하나님을 만나야 하는 이유가 있다. 하나님을 대면하기 전에는 부정한 입술을 가지고 있었던 자가 하나님을 만남으로 인해 거룩하신 하나님의 말씀을 전하는 선지자가 된 것이다.

이와 같이 하나님과의 대면은 우리의 삶을 바꾼다. 고난당하는 자가 하나님을 만나면 고난을 딛고 서게 된다. 약점 때문에 열등감에 휩싸인 사람은 겸손한 일꾼이 된다. 김기홍 목사는 이렇게 말한다.

> 하나님 앞에 오는 사람들이 제일 먼저 알아야 할 것이 무엇인가? 하나님은

자비하신 분이라는 점이다. 하나님은 누구이건 자기에게 오는 사람을 내어 쫓지 않는다. 간음하다가 현장에서 잡힌 여인을 예수께서 어떻게 하셨던가? 잘못을 신랄하게 지적하고 물러가라고 호령했던가? 아니다. 그를 용서하고 그를 받아준다. 그리고 새로운 힘을 가지고 새 삶을 살게 하신다. 이것이 하나님이 우리를 부르시는 이유다. 그렇다. 하나님은 우리를 불러 노예 삼으려고 하지 않는다. 세상 일을 다 중단하고 교회 일만 하게 하시려는 것이 아니다. 하나님은 우리를 불러서 자유를 주려고 하시는 것이다.[14]

---

14 김기홍, 『신바람 나는 창세기이야기』 (서울 : 글로리아, 1998), 108쪽.

9. 대면하기 위해 오신 예수님

이 땅으로 오신 예수님

예수님께서 이 땅에 오신 목적은 여러 가지다. 그 중 가장 큰 이유는 우리를 구원하시기 위함이다. 예수님은 죄로 인해 죽을 수밖에 없는 우리들이 하나님의 용서를 받아 죽지 않고 영생을 얻도록 십자가의 죽음을 대신 지시기 위해 이 땅에 오셔야만 했다. 이것이 주님께서 이 땅에 오신 중요한 목적임은 두말할 필요가 없다. 하지만 예수님께서 이 땅에 오신 이유는 그것만이 아니다.

작가 필립 얀시는 하나님께서 이 땅에 오신 이유를 하나님의 얼굴을 직접 보여 주시기 위한 것이라고 말한다.[15] 이 때 하나님의 얼굴을 보여주신다는 것은 단순히 이목구비의 구조를 말하는 것이 아님은 분명하다.

예수님 때문에 우리는 더 이상 하나님이 어떻게 느끼시는지, 하나님은 어떤 분인지 고민하지 않아도 된다. 의심이 생기거나 분명하지 않으면 예수님을 바

---

15 필립 얀시, 『하나님 당신께 실망했습니다』 (서울:생명의 말씀사, 2000), 156쪽.

라보면 된다. 만일 내가 하나님께서 장애인들을 어떻게 생각하시는지 알고 싶으면 손 마른 사람, 눈 먼 사람, 문둥병자 사이에 계신 예수님을 생각하면 된다. 또 내가 가난한 사람들을 보면서 하나님은 그들을 영원토록 궁핍한 운명 속에 내버려 두려고 하시는 것은 아닌가 하는 의문이 들면 예수님의 산상보훈을 읽으면 된다. 그리고 고난과 고통에 대해서 올바른 영적 반응을 알고 싶으면 예수님이 자신의 고난과 고통에 어떻게 반응하셨는지 살펴보면 된다. 주님은 고민하셨고, 근심하셨으며, 눈물을 흘리셨다.[16]

예수님이 이 땅에 오신 목적은 하나님을 보여주시는 것이다. 예수님께서 행하시는 모든 일들과 그가 하시는 모든 말씀들을 통해 하나님께서 어떤 분이시고, 무슨 일을 하고 계시는지를 알게 하고자 오신 것이다. 그렇다면 왜 예수님은 하나님을 보여주고자 하셨을까?

역설적이지만 예수님은 자기를 비우는 일을 통하여 자신을 극도로 낮추셔야 했으나 동시에 자유를 얻게 되셨다. 이제까지 인간됨으로 인한 여러 제한적인 사항을 이야기했지만 예수님이 인간이 되어 누릴 수 있었던 자유도 있었다. 이제는 나무를 태우지 않으면서도 인간의 목소리로 인간에게 말씀하실 수 있게 되었고, 무섭게 땅을 진동시키지 않으면서도 헤롯 왕을 여우라고 부르며, 성전에서 채찍을 휘두르며 자신의 분노를 표현할 수 있게 되었다. 그리고 하나님은 "두려워 말라!"는 말을 하지 않고도 창기나 장님이나 과부뿐만 아니라 문둥병자나 다른 누구에게나 말을 걸 수 있었다.[17]

---

16 필립 얀시, 위의 책, 156쪽.
17 필립 얀시, 위의 책, 129쪽.

한 마디로 예수님은 사람들을 만나고 대화하기 위해 이 땅에 오셨다. 필립 얀시의 말대로 사람들은 오랫동안 하나님의 존재를 의문시했다. 하나님께서 계신다면 이 땅에 왜 고통이 임하고, 하나님은 왜 그 고통을 허락하시며 왜 그것을 거두어가지 않으시는가? 또한 우리가 고통 중에 기도할 때 하나님께서는 무엇을 하시는가? 이 모든 의문들에 대한 답이 예수님께서 이 땅에 오셨을 때 그분을 만났던 사람들과의 대화를 통해 주어진다.

치유를 위한 대면

복음서에는 예수님을 만났던 다양한 사람들과 그들을 대하시는 예수님의 다양한 방식을 볼 수 있다. 그 가운데 용기를 내서 예수님을 대면하고자 했던 한 환자가 있다. 그는 나병환자다. 당시의 율법에 따르면 나병환자는 절대 사람들 앞에 나설 수 없는 격리의 대상이었다. 나병이 감염병의 일종이기 때문이다. 그런 질병의 가진 환자가 어느 날 소문을 듣고 예수님을 찾아왔다. 그 때 예수님은 혼자 계시지 않았다. 예수님은 마을에 있었고 무리가 그를 따르고 있었다. 나병환자는 율법을 어기고 적극적으로 예수님을 만나기 위해 찾아간 것이다. 그는 예수님 앞에서 꿇어 엎드리며 간구한다.

"원하시면 저를 깨끗하게 하실 수 있나이다."

그는 오직 깨끗함에 대한 소원만을 가지고 나아왔다. 이를 보신 예수님께서는 불쌍히 여기시며, 손을 내밀어 그에게 대시고 말씀하셨다.

"내가 원하노니 깨끗함을 받으라."

그러자 곧 나병이 그 사람에게서 떠나가고 깨끗해졌다.

용기를 내어 예수님과 대면했던 이 환자는 질병의 치유함을 받는 기적을 경험하고 건강해졌다. 그런데 여기서 그가 치유함을 받은 것은 단순히 몸에 국한된 것이 아니다. 맥스 루케이도는 이 치유함을 받은 환자의 입장에서 말한다.

더러운 내 몸에 손을 댄 그분을 나는 영원히 잊지 않을 것이다. 그분은 말한 마디로도 나를 고칠 수 있었다. 그러나 그분은 단순한 치료 이상의 것을 나에게 주기 원했다. 나를 존중하고 내 가치를 인정하며 내게 신앙을 주기 원했다. 생각해 보라. 사람도 손대지 않던 무가치한 자가 하나님의 만지심을 입는 존귀한 자가 되었으니.[18]

예수님은 그 환자의 몸과 마음을 다 만지셨다. 그래서 그는 병으로 인해 오랫동안 곪아디진 그의 몸뿐만 아니라, 그 누구와도 만나거나 만지거나 나눌 수 없었던 마음의 아픔까지 함께 치유되는 은혜를 누리게 되었다. 이것이 우리가 용기를 내어 주님을 찾고 주님을 대면해야 하는 이유이다. 주님을 찾을 때 우리는 몸의 질병만을 고침 받는 것이 아니다. 마음의 상처까지도 치유를 받는다. 우리의 마음에 응어리진 아픔, 그 아픔이 아무리 깊고 오래되었어도 예수님께서 능히 치유하실 수 있다. 이를 위해 우리는 주님을 찾는 용기를 내어야 한다.

---

18 맥스 루케이도, 『예수님처럼』 (서울:복있는 사람, 2000), 45쪽.

우물가에서

　　사마리아 우물가에서 만난 여인은 뜻하지 않게 예수님을 길게 대면한 사람이다. 그녀는 자신이 말했던 것처럼 이방 여인임에도 불구하고 유대인 남자인 예수님과 만나 오랜 시간 대화를 나누었다. 그 대화는 갈릴리로 가시던 예수님께서 마침 물을 길으러 나왔던 여인에게 물을 달라고 부탁하시면서 시작된다. 이때 여인이 했던 질문이 바로 "왜 유대인이 사마리아 여자에게 물을 달라고 하느냐?"는 것이었다. 여인은 당시 서로 상종하지 않던 사람들의 문화를 깨는 예수님의 태도가 의아했던 것이다. 그러나 예수님께서는 지금 여인이 필요로 하는 물을 소재로 대화의 물꼬를 트셨다. 그리고 대화를 나누시는 가운데 이렇게 말씀하신다.

　"이 물을 마시는 자마다 다시 목마르려니와 내가 주는 물을 마시는 자는 영원히 목마르지 아니하리니 내가 주는 물은 그 속에서 영생하도록 솟아나는 샘물이 되리라."

　예수님은 지금 여인에게 있어서 필요한 것이 단지 목을 축이는 물만이 아니라는 것을 알고 계셨다. 예수님은 그녀의 몸만큼이나 갈급함을 가지고 있는 그녀의 영혼을 보시며, 그 영혼의 목마름은 오직 주님과의 만남을 통해 해결될 수 있다는 것을 말씀하신 것이다.

　아직까지 예수님을 잘 알지도 못하고 그 말씀의 의미도 정확하게 이해하지 못한 여인은 이렇게 말한다.

　"주여! 그런 물을 내게 주사 목마르지도 않고 또 여기 물 길으러 오지도 않게 하옵소서."

　이 말을 들으신 예수님께서는 그녀에게 남편을 불러오라고 하셨고, 여인은 없다고 대답했다. 그러자 예수님은 "네가 남편이 없다 하는 말이 옳도다. 너에게 남편 다섯이 있었고 지금 있는 자도 네 남편이 아니니 네 말이 참되도다." 라고 말씀하셨다.

그제서야 여인은 자신의 모든 것을 알고 계신 예수님을 선지자라고 고백한다. 그러면서 그동안 궁금했던 예배에 대한 질문을 드리고, 답을 듣기도 한다. 이 대화 끝에 그녀는 기다리고 있던 메시야가 바로 예수님이시라는 것을 알게 된다.

대화가 끝난 후 여인은 물을 길으러 왔던 물동이를 버려두고 동네로 들어가서 사람들에게 자신이 메시야를 만났다고 알린다. 성경은 그녀로 인해 그 동네에서 많은 사마리아인이 예수를 믿게 되었다고 말한다.

이 얼마나 놀라운 일인가? 이 여인이 물을 길러 나온 시간이 정오다. 이때는 너무 덥기 때문에 사람들이 움직이지 않는 시간이었다. 과거가 복잡했던 여인은 사람들과 대면하기를 피해 사람이 없는 시간을 선택했던 것이다. 그런데 뜻하지 않게 예수님을 대면하게 되었고 그분이 기다리던 메시야임을 알게 되었다. 그러자 그녀는 주저하지 않고 심지어 물동이까지 버려두고 마을에 들어가 자신이 만난 예수님을 전한다. 참으로 놀라운 변화다. 이 변화는 바로 예수님과 대면함으로 일어났다.

늘 영혼의 목마름을 가지고 남자들을 찾았던 여인은 괴롭고 부끄러운 일들만 당했다. 그러다가 예수님을 만나고 나자 더는 부끄러워 할 것이 없게 되었다. 오히려 예수님을 전하는 사람으로 변화된 것이다.

나무 위에서

예수님께서 여리고로 지나가신다는 소문을 들었을 때, 삭개오도 그분에 대한 호기심을 가지고 보고 싶어 했다. 하지만 키가 작고 사람들도 많아 쉽게 볼 수가 없었다. 그래서 삭개오는 예수님을 잘 보기 위해 돌무화과나무 위에 올라가는 용기를 냈다. 그때 지나가시던 예수님께서 그의 이름을 부르시며 말씀하셨다.

"삭개오야! 속히 내려오라. 내가 오늘 네 집에 유하여야 하겠다."

이는 삭개오가 전혀 생각지 못한 말씀이었다. 삭개오와 예수님의 대면은 이렇게 시작되었다. 예수님의 얼굴이라도 한 번 보았으면 하는 마음을 가지고 나무 위에 올랐던 것인데, 그 예수님께서 자신을 바라보아 주실 뿐만 아니라, 내려오라고 하시며 삭개오의 집에서 머물겠다고까지 하신다. 그래서 삭개오는 즐거운 마음으로 예수님을 영접하고 자신의 집으로 모셨다. 그러자 그 광경을 지켜 본 사람들은 예수님께서 죄인의 집에 유하러 들어갔다며 손가락질한다.

예수님을 대면하거나 그분을 모시는 것이 때로는 이렇게 원치 않는 비난에 휩싸이게 할 때도 있다. 사실 삭개오가 얼마나 죄인인가는 사람들이 판단할 일이 아니며 주님께서 하실 일이다. 분명한 것은 이러한 죄인도 예수님을 만날 수 있다는 것이다. 그리고 그렇게 예수님을 대면한 삭개오는 이런 말씀을 드린다.

"주여! 보시옵소서. 내 소유의 절반을 가난한 자들에게 주겠사오며 만일 누구의 것을 속여 빼앗은 일이 있으면 네 갑절이나 갚겠나이다."

그에게도 변화가 일어났다. 그는 자신이 가진 것으로 가난한 자들을 돕고, 억울한 자들의 원한을 풀겠다고 한다. 이 또한 예수님을 대면한 자가 누릴 수 있는 변화의 은혜다. 사람들은 죄인이라고 뒤에서 손가락질 할지는 모르겠지만, 예수님을 만난 사람은 놀라운 변화의 기쁨을 누리고, 그 기쁨을 이웃과 나누게 된다.

짧은 시간에

가장 짧은 시간에 예수님을 대면해서 인생이 바뀐 사람이 있다. 바로 예수님 옆에서 십자가에 달렸던 행악자 중 한 명이다. 성경에 따르면 그도 처음에 예수님과 함께 십자가에 달렸을 때는 예수님을 욕했다.(마 27:44) 그런데 시간이 지나면서 그는 자신의 곁에 계신 예수님이 자신과 같은 부류가 아니라는 것을 깨닫는다. 그래서 예수님을 조롱하는 또 다른 행악자에 맞서 이런 말을 한다.

"네가 동일한 정죄를 받고서도 하나님을 두려워하지 아니하느냐? 우리는 우리가 행한 일에 상당한 보응을 받는 것이니 이에 당연하거니와 이 사람이 행한 것은 옳지 않은 것이 없느니라."

그는 예수님을 다르게 보기 시작했다. 자신들이 지금 십자가 처형을 당하는 것은 너무나 당연한 일이지만, 그들의 가운데 계신 예수님은 죄가 없기에 이렇게 죽임을 당하시는 것이 옳지 않다고 보는 것이다. 그러면서 예수님께 요청한다.

"예수여! 당신의 나라에 임하실 때에 나를 기억하소서."

이 부탁을 들으신 예수님께서는 그 힘겨운 상황에서도 입을 열어 말씀하셨다.

"내가 진실로 네게 이르노니 오늘 네가 나와 함께 낙원에 있으리라."

이 짧은 시간의 대면과 대화가 그 행악자의 운명을 바꿔 놓았다. 지금까지 그가 저질러왔던 일로는 그가 낙원에 들어가기를 꿈조차 꿀 수 없을 것이다. 그런데 마지막 순간에 예수님과 대면한 자리에서 주저하지 않고 자신을 기억해 주시기를 바랐던 이 사람은 낙원을 약속받고 숨을 거둔다. 어떻게 이런 일이 있을 수 있을까?

그것은 예수님께서 이 땅에 오실 때 누구라도 만나시고자 하셨기 때문이다. 모든 사람들에게 생명과 구원을 주시고자 하셨던 뜻이 이 순간에도 변함없었다. 만남의 시간이 길든 짧든, 그가 어떤 삶을 살았는지와는 관계없이 예수님은 자신을 찾는 자를 만나시고 그에게 필요한 은혜를 베푸신다.

하나님과 함께

그러나 이런 대면들을 보는 것보다 더 눈여겨봐야 할 만남이 있다. 그것은 예수님께서 하나님을 대면하는 것이다. 하나님의 아들의 능력을 가지고 이 땅에 오신 예수님께서는 수없이 많은 사람들을 만난다. 그러느라고 식사할 겨를이 없으셔서 제자들이 따로 식사를 할 수 있도록 하시기도 하고, 때로는 바다 위의 배에서 휴식을 취하기도 하셨다. 그렇게 바쁜 나날들을 보내시는 예수님께서 빼놓지 않으셨던 것이 바로 하나님을 만나시는 것이다. 예수님은 이른 새벽마다 일어나 한적한 곳으로 가셔서 기도하는 시간을 가지셨다(막 1:35). 그리고 예수님은 자신의 사역에 대하여 이렇게 말씀하셨다.

> 그러므로 예수께서 그들에게 이르시되 내가 진실로 진실로 너희에게 이르노니 아들이 아버지께서 하시는 일을 보지 않고는 아무 것도 스스로 할 수 없나니 아버지께서 행하시는 그것을 아들도 그와 같이 행하느니라 (요 5:19)

> 오직 내가 아버지를 사랑하는 것과 아버지께서 명하신 대로 행하는 것을 세상이 알게 하려 함이로라 (요 14:31)

> 아버지께서 내게 하라고 주신 일을 내가 이루어 아버지를 이 세상에서 영화롭게 하였사오니 (요 17:4)

이 말씀들 속에서 예수님은 그 많은 사역들을 하나님과의 깊은 교제 속에 이루어가고 계시는 것을 볼 수 있다. 그래서 아무리 많은 사람들을 만나고 사역을 감당하게 된다 할지라도, 나아가 십자가의 고난을 당하시는 것까지도 하나님의 말씀을 듣고 하나님의 뜻에 따라 행하신다. 이를 통해 우리도 이 세상의 그 어떤 일을 하더라도 하나님과 함께 하는 가운데 행해야 한다는 것을 몸으로 보여주셨다. 이처럼 사람들과의 만남과 모든 일들은 하나님과의 만남으로부터 시작되어야 한다.

PART 3

어떻게
대면하나?

10. 하나님을 대면할 수 있는가?

살아계신 하나님

이 책을 읽는 분들이 궁금해 하는 것이 여러 가지 있을 수 있다고 생각한다. 그 가운데 하나는 이 시대에 우리가 하나님을 대면할 수 있는가 하는 것이다. 하나님을 대면한다는 것은 자칫하면 '신비주의'라고 여겨지기도 하고, '신비주의에 빠진 것이 아니냐?'는 질문을 들을 수도 있다. 윌리엄 폴 영은 자신이 쓴 책『오두막』에서 이렇게 말한다.

그가 신학교에서 배운 바로는, 하나님은 현대인들과의 개방적인 대화를 중단하는 대신 제대로 해석된 성경 말씀을 통해 자신을 따르기를 원하신다고 했다. 하나님의 목소리는 지면 속으로 들어갔고, 그 지면 또한 자격 있는 권위자와 지식인들에 의해 중재되고 해석되어야 했다. 하나님과의 직접적인 대화는 고대인과 미개인들에게만 해당될 뿐이었고, 교육받은 서구인들이 하나님에게 접근하는 길은 지식층에 의해 조정되고 중재되었다. 그러나 어느 누구라도 상자 안에, 책 안에만 들어 있는 하나님을 원하지는 않을 것이다. 더군다나 가죽 표지에 길트(gilt, 금박)로 장식된 테두리가 있는 값비싼 책 안에 들어 있는 하나님이라니. 어쩌면 그것은 길트(guilt, 죄)의 테두리였던가?[19]

신학의 도움을 받으며 목회와 설교를 하고 있는 필자도 성경을 근거로 제대로 된 해석을 통해 전해주시는 하나님의 뜻을 따르는 것이 가장 안전하다는 것에 동의한다. 그렇지 않으면 잘못된 해석을 따르는 이단에 빠질 가능성이 크기 때문이다. 하지만 우리가 하나님의 살아계심을 믿는다면 그 증거는 어떻게 찾을 수 있는가?

이 질문에 증거를 대는 것은 어려운 일이 아니다. 그 중 한 가지는 '하나님께서 우리의 기도를 듣는 귀를 가지고 계신다면 우리에게 말씀하실 수 있는 입도 가지고 계신 것이 아니신가?' 라는 것이다. 하나님께서 입이 없으셔서 선지자나 목회자의 입을 빌려 말씀하시는가? 아니면 성경을 통해서만 말씀하시는가?

나는 하나님께서는 들을 귀 뿐만 아니라 말하는 입도 가지고 계신다고 믿는다. 그러니 문제는 우리에게 하나님의 말씀을 들을 수 있는 귀가 없거나 귀가 열리지 않았다는 데 있다. 그렇기 때문에 하나님은 선지자나 목회자를 통해 하나님의 말씀을 들려주셨다. 그렇다면 선지자와 목회자는 어떻게 하나님의 말씀을 전하는가? 오늘날 목회자들은 성경을 읽고 해석해서 하나님의 뜻을 전한다. 하지만 성경이 없던 옛날 선지자는 어떻게 하나님의 말씀을 듣고 전했을까? 그들은 하나님의 음성을 듣고 전했을 것이다. 그렇다면 선지자들에게 말씀하셨던 하나님께서 지금은 전혀 말씀하지 않으시고 입을 다물고 계시는가?

---

19 윌리엄 폴 영, 한은경 역 『오두막』 (서울:세계사, 2017), 107쪽.

하나님의 음성을 듣는 것에 대한 신학적 논쟁을 하자는 것이 아니다. 우리가 성경을 통해 정확하게 하나님의 뜻을 해석하고 이해하는 것이 중요하다는 것을 부정하는 것도 아니다. 어느 시대에나 하나님은 살아계셔서 그 백성들을 만나 주시고, 그 백성과 대화하는 것을 불편하게 생각하시지 않는다. 하나님은 언제나 "하나님께 나아오라. 우리가 서로 변론하자"고 하시며 백성들과의 대면을 원하시고 기뻐하신다.

얼마나 대면하나?

독자들이 가질 수 있는 또 하나의 의문은 필자는 과연 얼마나 하나님을 대면하고 사는가 하는 문제라고 생각한다. 그것이 이 책을 쓰기를 주저했던 이유이며, 또 이 책을 쓰게 된 동기이다. 망설였던 이유는 책을 쓰고 싶다는 마음이 들 때부터 계속 스스로에게 '너는 얼마나 하나님을 만나냐?'고 자문했을 때 시원스레 답을 할 수 없었기 때문이다. 그럼에도 책을 써야겠다고 마음을 굳힌 것은 이 과정을 통해 하나님을 좀 더 대면하기를 원했기 때문이다.

'나는 할 수 없어. 나는 원래 잘 못해. 나하고는 거리가 먼 얘기야.' 라는 오만가지 핑계를 대는 순간 하나님을 대면하는 것은 남의 이야기가 된다. 그러나 우리가 하나님을 만날 수 있는 가능성은 우리에게 있는 것이 아니라 하나님과 하나님의 말씀에 있다. 그래서 우리는 성경 말씀에 근거하여 하나님을 대면할 수 있는 이유들을 찾아왔다.

데이빗 로스(David E. Ross) 목사는 『묵상하는 그리스도인』에서 "우리 하나님은 쉽게 다가갈 수 있는 분이시다. 어린아이마저도 하나님과 깊이 교제할 수 있으며 회개했다면 누구든지 그분과 교제할 수 있다.[20]"고 하신다. 하나님과 대면하기 위해 가장 먼저 해야 할 것은 하나님과 대면할 수 있다는 믿음을 가지는 것이다.

목회자를 통해서

목회자들의 목회자라고 불리는 유진 피터슨 목사는 『껍데기 목회자는 가라』는 책에서 다음과 같이 말한다.

거의 예외 없이 요즘 교회들은 목회자를 원하지 않는다. 그들은 자신이 속해 있는 종교집단을 이끌어나갈 관리자를 원한다. 그들은 주도적으로 자기들을 이끌어줄 목회자를 구한다. 그런 태도를 취함으로써 예수님을 따라가야 하는 귀찮은 일을 회피하려 한다.[21]

유진 피터슨은 오늘날의 목회자가 성도들로 하여금 하나님을 대면하지 못하게 하는 방해자가 된다고 말하고 있다. 이로 인해 성도들도 예수님을 만나고 따라가기보다는 목회자를 만나는 것으로 대체하려 한다. 이러한 목회적 관행이 일반화되다 보니 목회자들은 자신이 먼저 하나님 앞에 서는 것보다 주어진 조직을 잘 관리하는 지도력을 발휘하는 데에만 관심을

---

20 David E. Ross, 양혜원 역 『묵상하는 그리스도인』 (예수전도단, 2005), 87쪽.
21 유진 피터슨, 차성구 역 『껍데기 목회자는 가라』 (서울:좋은씨앗, 2001), 18쪽.

기울여 왔다.

그리고 목회자의 영향을 받았던 교인들은 하나님을 직접 대면하고자 하는 생각을 가지지 않고 살아왔다. 결국 하나님을 대면하는 것이 어려웠던 것이 아니다. 하나님을 대면하지 않아도 살 수 있는 교회의 시스템 속에서 종교생활을 해 왔던 것이다. 그러다가 코로나로 비대면 시대가 되자 목회자를 대면하기 어려운 상황이 되었다. 그래서 지금까지 목회자를 통해서 유지되던 종교적 관행이 깨지고 당황스러운 상황에 직면하게 되었다.

그럼에도 불구하고 교회는 영상 예배를 찍으며 대면 예배를 드릴 수 있는 날만을 고대하고 있다. 언제 다시 현장 예배가 가능하게 될지 알 수는 없지만, 우리는 마냥 기다리고 있을 수만은 없다. 아니, 오히려 이러한 때에 주님과 대면하기를 시작해야 한다. 우리는 하나님께 다가가는 것을 어렵게 생각해서는 안 된다. 하나님은 누구라도 쉽게 만날 수 있는 분이시기 때문이다. 심지어 우리가 죄를 지었을 때라도 회개하는 마음으로 하나님을 찾으면 된다. 예수님은 우리에게 그 길을 열어주시기 위해서 오셨다. 제물을 준비하고 제사를 드려야 하나님께 나아갈 수 있었던 과거의 절차를 중단시켜 주셨다. 덕분에 우리가 언제라도 하나님을 찾고 대면할 수 있게 해 주셨다.

우리는 집 나갔던 아들이 초라한 몰골로 아버지를 찾듯 하나님을 찾아야 한다. 집을 떠났던 아들이 돌아온 것을 보고 달려 나와 안아주셨던 아버지의 마음으로 하나님은 우리를 만나주시고 품어주실 것이다. 지금은 바로 그 품에 안겨야 할 때이다.

11. 대면할 수 있게 하셨다

앞에서 우리는 하나님을 대면했던 사람들을 보았다. 그리고 하나님을 대면하는 것이 비대면 시대에 갑자기 필요해진 것이 아님을 확인했다. 하나님은 사람을 창조하실 때부터 지금까지, 그리고 앞으로도 우리들을 대면하고자 하신다. 문제는 우리가 하나님을 대면하는 것을 어려워한다는 것이다. 그 옛날 아담이 하나님을 피해 숨은 때부터 사람들은 하나님 만나는 것을 힘들어했다.

그러면서도 사람들이 하나님을 대면하고자 하는 의지를 꺾지 않았던 것은, 하나님께서 사람들의 마음속에 하나님을 찾도록 종교심을 주셨기 때문이다. 그래서 사람들은 어떻게 하면 하나님을 잘 대면할 수 있을까 하는 질문에 대한 답을 찾았다. 그것이 현재 우리가 하고 있는 예배, 묵상, 기도, 그리고 일기를 쓰며 동행하고자 하는 것이다. 우리는 이런 방법들을 통해 하나님을 만나는 자리로 나아간다. 그런데 여기서 과연 우리가 이런 방법들을 통해 정말로 하나님을 제대로 만나고 있는가 질문하게 된다.

영과 진리로

사람들과 대면하기 원하셨던 하나님께서 예수님 이후에 제정하신 대표적인 방법은 예배다. 교회는 오랫동안 예배의 방식을 통해 성도들이 하나님과 만날 수 있도록 해 왔다. 오랜 세월이 흐른 지금도, 그리고 앞으로도 예배는 사람들이 하나님께 나아가는 데 있어서 중요한 도구로 쓰임을 받을 것이다. 문제는 예배를 통해 우리가 정말 하나님을 만나고 있는가 하는 것이다.

코로나19의 확산에 따라 정부에서 대면예배를 금지하고 모든 예배를 비대면으로 진행하라는 조치를 내렸다. 이때 일부 교회에서는 '예배가 생명이다' 라고 하며 대면예배를 중단할 수 없다는 목소리를 냈다. 그만큼 예배가 중요하다는 얘기다. 그런데 우리는 냉정하게 생각해 볼 필요가 있다. 예배가 정말 생명인가? 모이는 예배만 생명이고, 모이지 않은 예배는 죽은 예배인가?

우리가 예배를 통해 생명이신 예수님을 만나고, 또 생명을 주시는 하나님을 만난다는 점에 있어서 예배가 소중하다는 것은 틀림없다. 그러나 예배 자체가 생명은 아니다. 아니, 우리는 얼마든지 생명력 없이도 하나님을 예배할 수 있고, 예배가 끝난 후에도 아무런 생명력을 얻지 못할 수도 있다. 중요한 것은 예배 자체가 아니라, 그 예배를 통하여 생명이신 하나님과 만나고, 하나님께서 주시는 생명의 공급을 받았는가 하는 것이다.

그렇다면 우리는 어떻게 하나님을 만나는 예배를 드릴 수 있는가? 이에 대해 오랫동안 신학적으로 연구를 거듭해온 이론들을 무시하고 단순하게 방법을 제시하는 것은 무모할 것이라고 생각한다. 사람들은 전통적으로 정해진 순서로 예배를 드려왔다. 그러나 최근 예배 형식이 단순화되면서 찬양과 말씀에 집중하는 형태로 바뀌었다. 예배를 드리는 방법들 중 어떤 것이 하나님을 대면하기에 더 유익하다고 단정적으로 말하기는 쉽지 않다. 어디서 예배를 드리는 것이 옳으냐는 사마리아 여인의 질문에 예수님께서는 분명하게 말씀하셨다. "이 산이나 저 산이 중요한 것이 아니라 예배하는 자들은 영과 진리로 예배해야 한다." 예수님은 예배가 공간의 문제가 아니라 성령 안에서 진리와 함께 이루어지는 것임을 말씀하고 계신 것이다.

그렇다면 성령 안에서 진리와 함께 이루어지는 예배는 어떻게 드려지는 것인가? 이것은 예배학을 전공한 필자가 오랜 시간 예배를 인도해 온 목회자로서 많은 고민을 해 왔던 문제다. 어떻게 영과 진리로 예배하는가? 그리고 어떻게 예배를 통해 하나님을 대면할 수 있는가? 이 문제를 짧은 시간에 정리하고 답할 수는 없다. 그러나 한 가지 분명한 것은 어떤 예배자라도 예배의 자리로 나아갈 때에는 진리 되시는 예수님을 만나고, 성령의 임재 가운데 예배를 드리기에 온 마음과 뜻과 힘과 정성을 쏟아야 한다는 것이다. 그러한 마음의 소망과 준비 없이 예배를 드린다면 하나님을 만나는 것은 쉽지 않을 것이다.

우리가 예배를 드리는 자리가 다같이 모이는 예배당일 수도 있고, 온라인으로 혼자 집에서 드릴 수도 있다. 아니면 감옥이나 병상에서 예배를 드려야 하는 상황일 수도 있다. 어디에서 예배를 하든지 진리 되신 주님을 만나고 성령의 임재를 구하며 나아갈 때 우리를 만나주시는 하나님을 경험할 수 있다. 예수님을 보기 위해 나무에 올라갔던 삭개오처럼 주님을 대면하는 예배가 되기를 간절히 원하는 자에게 주님은 함께 거하신다.

이런 간절한 마음을 가지고 예배에 나아갈 때에 필요한 것이 있다. 단순히 복장의 준비만 갖추었다고 해서 하나님을 만나는 것이 아니다. 예배의 자리에서 우리는 하나님을 만나고자 하는 마음을 가져야 한다. 그것은 마치 연인을 만나는 것과 같다고 할 수 있다. 사랑을 하고 있는 연인들에게는 일주일도 길게 느껴진다. 그러다가 만나게 되면 둘만의 대화를 속삭인다. 대화의 내용은 한없이 유치할 수도 있다. 그러나 그들은 불편해하지 않는다. 유치함을 자연스럽게 느끼는 것은 서로 사랑하기 때문이다.

우리가 하나님께 예배를 드릴 때 그런 마음이면 어떨까? 일주일 만에 만난 연인을 대하듯 설렘으로 나아가는 것이다. 그리고 예배의 자리에서 하나님께 연인처럼 속삭여 본다. 자신이 왔다는 것을 알려드리고, 순서마다 작은 소리로 읊조리며 이야기를 해보는 것이다. '제가 지금 여기 왔어요.' '당신을 위해 노래를 부를게요.' '제 마음을 고백할게요.' '이제 당신의 이야기를 들을게요.' 이런 속삭임들과 함께 예배를 드려보자. 우리가 어떤 곳에서 예배를 드리든지 그곳에서 나를 만나주시는 하나님을 경험할 수 있을 것이다.

마주 앉아서

앞에서 우리는 하나님과 친구 같은 관계를 누렸던 모세를 봤다. 하나님께서 모세와 친구처럼 대화를 나눌 때 그것을 옆에서 지켜보며 자신도 하나님을 대면하기 원했던 여호수아를 보았다. 여호수아는 모세가 성막을 떠난 후에도 성막을 지키며 하나님과 대면하기를 간절히 원했다. 그리고 모세가 세상을 떠난 후 이스라엘을 이끄는 지도자가 된다. 그가 강하고 위대했던 모세의 뒤를 잇는 지도자가 되었을 때 하나님께서 여호수아를 대면하시며 하신 응원의 말씀(수 1:5-6)도 보았다. 그 응원 뒤에 이어지는 말씀이 있다.

오직 강하고 극히 담대하여 나의 종 모세가 네게 명령한 그 율법을 다 지켜 행하고 우로나 좌로나 치우치지 말라 그리하면 어디로 가든지 형통하리니 이 율법책을 네 입에서 떠나지 말게 하며 주야로 그것을 묵상하여 그 안에 기록된 대로 다 지켜 행하라 그리하면 네 길이 평탄하게 될 것이며 네가 형통하리라 내가 네게 명령한 것이 아니냐 강하고 담대하라 두려워하지 말며 놀라지 말라 네가 어디로 가든지 네 하나님 여호와가 너와 함께 하느니라 하시니라

(수 1:7-9)

하나님께서는 여호수아에게 강하고 담대하라고 말씀하신다. 그러기 위해서는 하나님의 말씀을 묵상하라고 하신다. 그러면 어디로 가든지 평탄하고 형통한 길을 걷게 될 것이며 하나님께서 함께 하시는 것을 경험하게 될 것이라고 약속하신다. 여호수아는 이 말씀을 붙들고 지도자의 길을 걸어간다.

여기서 하나님의 말씀인 율법책을 입에서 떠나지 않게 하고 그 안에 기록된 대로 다 지켜 행하라고 하시는 이 묵상은 어떻게 하는 것일까? 그리고 그것이 하나님을 대면하는 데 어떤 유익을 주는 것일까?

필자는 고등학교 일학년 때 말씀 묵상을 배울 기회가 있었다. 당시 선교

단체에 계셨던 교사 한 분이 제자훈련을 시켜주시겠다고 하셔서 훈련에 참여하여 첫 시간에 묵상을 배웠다. 그 시간은 오직 성경책과 노트만 가지고 진행되었다. 선생님이 정해주신 단락의 말씀을 읽고 그 속에서 주님이 나에게 주시는 것과 같은 말씀을 찾아 적으며 해석과 적용을 해나갔다. 어린 나이에 처음 해보는 것이라 어렵기는 했지만 매일 성경을 보는 습관을 기를 수 있었고, 성경을 읽으며 생각하고 해석하며 기도하는 시간도 가질 수 있었다. 이후로 묵상은 필자로 하여금 성경을 읽고 하나님의 음성을 듣는 습관을 형성하는 데 많은 유익이 되었다.

그러다가 신학 공부를 시작하게 되었을 때, 신학교에서 첫 학기에 배우게 된 과목 중 하나가 묵상이다. 이때 배운 것도 어렸을 때 배웠던 것과 크게 다르지 않았다. 그래서 한 학기 동안 그 수업을 듣고 과제를 제출하는 데에는 큰 어려움이 없었다. 그럼에도 불구하고 이렇게 하면 묵상을 잘 하고 있는 것인지, 또 어떻게 하면 더 잘 할 수 있는지에 대한 의문은 계속 남아 있었다. 그래서 이와 관련된 몇 개의 세미나에 참석하여 배우기도 했다.

목사 안수를 받고 목회를 하던 중 일 년 동안 선교단체에서 주말에 진행하는 훈련을 받게 되었다. 한번은 묵상의 대가로 알려진 데이빗 로스(David E. Ross)목사가 강의를 했다. 기대하는 마음을 가지고 열 시간이 넘게 진행되는 강의 시간 동안 집중해서 말씀을 들었다. 그러나 이 강의에서도 어떻게 하면 묵상을 잘 할 수 있는지에 대한 답은 듣지 못했다. 묵상이 하나님과 마주 앉는 것이며 하나님을 만나는 것임을 강의 내내 강조하였다. 이는 단지 성경을 펴놓고 성경을 해석하는 것이 아니라, 말씀으로 나를 분석해야 한다는 말씀이었다. 그러기 위해서는 하나님과 나란히 앉아 성경을 놓고 대화해야 한다고 하였다.

이와 같은 방식으로 묵상을 했던 사람이 필리핀의 선교사였던 프랭크 루박(Frank Laubach)이다. 그는 성경을 읽어나가는 중 하나님과의 대면을 위해 애썼다.

하나님, 제 앞에 놓인 이 언약의 책(성경)이 하나님께서 말씀하시는 것들을 탐색하고자 하는 저의 노력을 승인해 줍니다. 저는 임의로 그 책을 폅니다. 그러면 그 책은 "귀 있는 자는 들을지어다!", "너는 그 음성에 귀를 기울여라!"고 말합니다. 그래서 제 삶은 단순해집니다. 하나님께서 말씀하시는 것들을 순간순간, 한 번에 하나씩 듣고 그대로 행하는 것이 바로 제 인생입니다.......저는 한 번에 하나씩 하나님의 음성에 귀를 기울일 것이고 이렇게 하나님께 아뢸 것입니다. "하나님, 이 페이지를 읽어갈 때 손가락으로 인도하소서!"[22]

묵상은 성경을 읽고 해석해서 삶에 적용할 것들을 찾는 것이 목적이다. 그래서 그동안 그것을 잘 하기 위해 답을 찾아 다녔다. 그러나 묵상은 답을 찾는 것이 아니라 하나님과 마주 앉아 이야기를 나누는 시간이다. 그 자리에서 하나님의 말씀인 성경을 가지고 하나님을 만나고자 한다. 성경을 통해 들려주시는 말씀을 듣고, 우리의 생각과 마음을 글과 시와 노래로 표현하여 하나님께 반응하는 것이 묵상이다.

이것을 매일 일정한 시간에, 가능하면 하루를 시작하는 첫 시간에 할 수 있다면 좋을 것이다. 다만 이것이 하나님을 만나는 자리가 아니라, 단순히

---

22 프랭크 루박, 『프랭크 루박의 기도일기』 (서울: 규장, 2015), 33쪽.

성경책을 펴고 읽고 생각만 하는 시간이라면 수년 동안 묵상을 하면서도 하나님을 대면하지 못했던 필자의 삶을 따르게 될 수도 있다. 그것은 참으로 안타까운 일이다.

거듭 말하지만 묵상은 성경과 함께 하나님을 만나는 자리이다. 말씀을 열면서 하나님을 만나기 원하는 간절한 소망을 가진 자를 하나님께서 외면하실 리가 없다. 그러므로 우리는 매일 성경을 통해 하나님을 만나야 한다. 그러면 여호수아에게 약속하셨던 대로 평탄하고 형통한 삶이 열리고, 강하고 담대한 마음을 경험하게 될 것이다.

12. 어떻게 대면할 것인가?

시간을 구원하라

　집에 도착하니 사랑스러운 아들이 환한 얼굴로 아빠를 향해 달려와 안기려고 한다. 그러나 피곤하고 지친 아빠는 아들을 피해 방으로 들어가 버린다. 머쓱해진 아들이 지친 아빠에게 질문한다.

　"아빠는 한 시간에 얼마를 버세요?"

　아빠는 모든 것이 짜증스럽기만 했지만, 마지못해 대답을 했다.

　"한 시간에 만 원 정도 번단다."

　아빠의 대답에 실망한 아이는, 잠시 한숨을 쉬더니 아빠에게 부탁한다.

　"아빠, 저에게 5천 원만 빌려 주세요."

　아빠는 돈이 필요한 이유가 전혀 궁금하지 않았고, 가뜩이나 피곤한 자신에게 돈을 빌려 달라는 아들에게 버럭 화를 내고 말았다.

　아이는 그렇게 힘없이 방으로 돌아가고 어느 정도의 시간이 지났다. 아들에게 심하게 화를 낸 것이 맘에 걸리는 아빠는 아들의 방문을 살며시 열고, 미안함에 아들을 다독여 주며 아들이 필요하다던 5천 원을 준다.

아들은 무척 기뻐하며, 그동안 모아 놓은 돈을 꺼내더니 돈을 세어 본다.

"천 원, 이천 원, 삼천 원……"

그 모습을 본 아빠는 "돈이 있으면서 왜 돈을 빌려 달라고 했냐?"면서 아들에게 또 화를 냈다.

아들은 돈이 부족했다며 말한다.

"아빠, 이제 만 원이 있어요. 이 돈 받으세요. 내일 내가 아빠의 시간을 한 시간만 살 수 있을까요?"

이 이야기는 바쁜 현대인들이 자녀를 돌아볼 시간을 갖도록 권하는 내용이다. 그런데 하나님의 마음이 이러하실 것 같다. 우리에게 돈을 주시고서라도 우리가 하나님께 시간 내기를 원하지 않으실까? 워낙 분주하게 살아가느라 하나님을 대면할 시간 없이 지내는 우리들을 보실 때 이렇게 말씀하실 듯하다.

"내가 돈을 줄 테니 나와 함께 할 시간을 내줄 수 있겠니?"

하나님은 우리를 만나시기 위해 그 아들 예수님을 이 땅에 내어 주시는 값을 치르셨다. 하나님께서 왜 유일하신 아들 예수님을 이 땅으로 보내셨는가? 우리가 하나님을 찾고 하나님을 만나고 하나님과 함께 영원히 살아가는 삶을 원하셨기 때문이다. 단순히 죄를 용서받고 천국에 가는 것이 전부가 아니다. 하나님을 만나고 하나님과 함께 하는 삶, 그것이 예수님께서 이 땅에 오신 이유이다.

현대인들은 대부분 바쁘고 분주하다. 시간의 여유를 위해 많은 것들이 개발되고 발명되었음에도 불구하고 여전히 바쁜 나날들을 보내는 사람들이 많다. 그들은 하나님과의 대면이 어려운 것이 아니라 시간을 내기 힘들다고 말한다. 그렇다면 하나님께 대면할 시간을 내어드리지 않는 우리가 정말 예수님의 은혜와 사랑을 믿고 살아가는 사람들이 맞는가?

모임과 만남이 어려워지는 이 시대는 마지막 때가 가까워 오고 있다는 증거가 될 수 있다. 이때를 살아가는 그리스도인들을 위해 성경에는 "때가 악하기 때문에 세월을 아끼라"는 당부의 말씀이 있다. 세월을 아낀다는 표현은 영어 성경(KJV)에 "Redeem the time!"으로 번역되기도 했다. 시간을 구원하라! 우리가 어떻게 시간을 구원할 것인가? 이것을 다른 번역본(NIV)은 "Make the most of every opportunity!"로 번역됐다. 이 말은 기회를 선용하라는 것인데, 우리가 시간을 함부로 낭비해서는 안 된다는 것을 의미한다.

우리는 시간을 구원하기 위해 하루 동안 시간을 어떻게 사용하고 있는지 생각해 보자. 하나님과 대면할 시간이 전혀 없을 만큼 바쁘다면 그것은 인생을 잘못 살고 있는 것이다. 삶이 잘못된 방향으로 가고 있는 것이기 때문에 시간 계획을 다시 세워야 한다. 스티븐 코비 박사가 『성공하는 사람들의 일곱 가지 습관』이라는 책을 저술한 후 그 중 한 가지 습관인 '소중한 것을 먼저 하라'는 제목으로 책을 다시 쓴 데에는 이유가 있다. 성공을 위한 습관 중 소중한 것을 먼저 하는 것이 그만큼 중요하기 때문이다.

'소중한 것을 먼저 한다는 것'은 무엇인가? 정말 소중한 것은 중요하지만 급하지 않은 것을 의미한다. 그런데 우리는 바쁘고 긴급한 것이 중요한 일이라고 착각하며 살아간다. 그래서 정말 소중한 일들을 늘 뒤로 미루고 소홀히 한다. 그중 하나가 하나님과 대면하는 시간을 갖는 것이다. 이것은 매우 중요하다. 그러나 급하지는 않다. 하루, 아니 한 달 정도 그것을 안 했다고 해서 큰 문제가 생기는 것은 아니다. 그래서 늘 후순위로 밀린다. 그러나 그것이 습관이 되어버린 나머지 현대인들은 휴대전화와 TV를 보는 시간은 있어도, 하나님과 대면할 시간은 없다고 한다.

정말 시간이 없는 것인가? 아니면 시간이 있어도 하나님과 대면하지 않고 있는 것인가? 이제는 그 시간을 만들어 보자. 아침에 10분이라도, 아니면 밤에 10분이라도 시간을 내서 하나님의 이름을 부르며 하나님과 함께 하자. 시간을 내지 않고 하나님과 대면한다는 것은 있을 수 없는 일이다. 때로는 하나님께서 강압적인 방법으로 시간을 내도록 만드시는 경우도 있다. 그런 일이 있기 전에 먼저 시간을 내보는 것은 어떨까?

더 좋은 것은 하나님과 만나는 시간을 내는 습관을 들이는 것이다. 하루의 일정한 시간은 하나님을 만나는 때로 정해 놓는 것이다. 처음에는 어렵겠지만, 반복하면 차차 습관이 될 것이다. 그것조차도 쉽지 않다면, 지금 당장이라도 잠시 이 책을 덮고 시간을 내어 하나님을 찾는 시간을 가져 보자. 하나님을 찾아, "하나님! 저 왔어요."라고 말하면, 우레와 같은 음성은 아닐지라도 세미하게 들려주시는 하나님의 사랑의 음성을 들을 수 있을 것이다.

한적한 곳에서

하나님과 대면하기 위해 시간을 내는 것은 중요하고 필요한 일이다. 그런데 시간만 낸다고 해서 대면이 쉬워지거나, 만남이 깊어지는 것은 아닐 수도 있다. 우리가 소중한 사람을 만날 때는 시간을 내는 것뿐만 아니라 그 사람과 대화를 나누기 위한 공간도 필요하다. 그래서 조용한 카페를 이용하기도 하고, 근사한 식당을 찾기도 한다.

하나님과 만남에 있어서도 마찬가지다. 하나님과 좀 더 깊이 있게 대화를 나누고자 한다면 좋은 공간을 찾는 것이 필요하다. 모세도 하나님과 대면하기 위해 회막에 머무는 시간이 있었다. 그리고 여호수아 역시 모세가 회막을 떠난 후에 그 자리에 머물며 하나님과 만나기를 원했다. 예수님도 하나님과 만나기 위해 이른 새벽시간에 한적한 곳으로 가셨다.

> 새벽 아직도 밝기 전에 예수께서 일어나 나가 한적한 곳으로 가사
> 거기서 기도하시더니(막 1:35)

예수님도 하나님을 만날 만한 공간을 찾으셨다. 그곳이 정확히 어디인지는 밝혀져 있지 않으나 한적한 곳이다. 누구의 방해도 받지 않고 조용히 하나님과 함께할 수 있는 자리. 그곳에서 기도하시며 하나님을 만나신 후에 하루의 일과를 시작하셨다. 어디서라도 하나님을 찾을 수 있고, 능력을 가지고 사역을 하시는 예수님도 시간과 공간을 내어 하나님과 따로 만남을 가지셨다. 우리에게도 이런 공간이 필요하다. 하나님을 대면하기 위한 나만의 공간을 찾아야 한다.

이 공간을 어디에서 찾을 수 있나 하는 의문을 가질 수 있다. 특히 비대면 시대에 예배당에서의 예배가 어려워지자 사람들은 하나님을 대면할 수 있는 공간이 사라진 것처럼 당황스러워 한다. 물론 하나님을 만나는 데 있어서 교회만큼 좋은 공간은 없다고 생각한다. 우리는 늘 그곳에서 예배드리고 기도하던 습관이 있기 때문에 교회에서 대면예배를 할 수 없는 것을 힘들어한다. 하지만 모이는 예배가 금지되었다고 해서 하나님과의 대면까지 금지된 것은 아니다. 금지된 것은 사람들과 만나는 것이지, 하나님과

만나는 것이 아니다. 그러므로 비록 일정한 시간과 장소에 모여서 예배를 드리는 것은 어렵게 되었다 할지라도 개인적으로 교회를 찾아 하나님과 대면하는 것은 얼마든지 가능하다. 교회마다 상황이 조금씩 다르기는 하겠지만, 잘 찾아보면 주위에 문이 열려 있는 교회들이 있을 것이다. 그곳에 가서 하나님을 찾자. 대면예배가 어려워진 이때일수록 개인적으로 하나님을 만나기 위해 교회의 문을 두드려야 한다.

참고로 필자의 교회는 월요일을 제외한 모든 날에 새벽시간부터 일과시간이 끝날 때까지 교회의 문을 개방해 놓는다. 누구라도 하나님을 찾아오시는 분들이 하나님을 대면할 수 있는 공간을 제공하기 위한 것이다.

열린 교회를 쉽게 찾을 수 없다고 해서 하나님과 함께 할 곳을 찾는 것을 포기해서는 안 된다. 예수님께서 새벽에 찾으셨던 곳은 회당도 교회도 아니라 한적한 곳이다. 그곳이 어디인지는 정확히 알 수 없지만, 늘 여기저기 다니셨던 예수님의 사역으로 미루어 보건데, 아마도 머무시는 곳마다 적당한 장소를 물색하셨을 것이다. 여기에 우리가 공간을 만드는 지혜가 있다. 공간은 구별된 장소일 수도 있겠으나, 때에 따라서는 각자가 시간에 따라 만들어내는 장소가 될 수도 있다. 예를 들면 가족들이 다 잠든 시간의 거실이나 식탁이 한적한 공간이 될 수 있다. 남들이 출근하기 전에 먼저 도착한 회사의 회의실이 하나님을 대면하기 좋은 장소가 될 수도 있다. 출근길의 차 안도 하나님을 만날 수 있는 공간이다.

처음 묵상을 배웠을 당시 집에는 비좁은 공간에 여러 식구가 함께 살고 있었기 때문에 묵상을 할 공간이 없었다. 그래도 묵상을 하고 싶은 마음에 찾았던 곳이 화장실이었다. 문을 잠그고 변기에 앉아 성경책을 펴서 읽으며 어렵사리 메모를 했던 기억이 있다. 지금은 아득한 추억이 돼버린 그 시간과 공간이 어려서 하나님을 만났던 비밀스러운 장소가 되었다.

이처럼 한적한 곳은 굳이 교회가 아니더라도 내가 시간을 내어 홀로 있으며, 조용히 하나님을 찾을 수 있는 곳이라면 어디라도 가능하다. 중요한 것은 우리가 그 공간을 찾거나 만들고자 하는 의지를 갖는 것이고, 그곳에서 하나님을 만나고자 하는 마음을 갖는 것이다.

일상 속에서

여기까지만 말하면 하나님을 대면하는 것은 특별한 시간과 공간을 떼어 놓아야지만 가능한 것으로 생각하기 쉽다. 시간과 공간을 내는 것은 하나님을 좀 더 잘 만나기 위해 방법 중의 하나일 뿐, 전적으로 그렇게 해야 한다는 것은 아니다. 그야말로 지금같은 비대면 시대에 시간을 내고 공간을 만드는 것이 마음처럼 쉽게 되지 않는 사람들이 많다. 그런 우리들을 위하여 프랭크 루박(Frank Laubach)은 일상 속에서 하나님을 만나는 것이 가능함을 알려준다. 그는 매 순간마다 하나님을 경험하는 삶을 지속시키기 위해 '1분 게임'이라고 하는 게임을 혼자 진행했다. 그리고 그 과정을 일기로 남겼다.

하나님, 올해의 매 순간을 하나님께 드리기를 원합니다. 깨어 있는 모든 순간마다 하나님을 잊지 않기 위해 힘쓸 것입니다. 하나님께서 일러 주시는 모든 것들을 제 손으로 기록하기 위해 힘쓸 것입니다. 하나님께서 '말씀하시는 이'

가 되시어 저에게 모든 말을 일러 주실 수 있도록 노력할 것입니다.[23]

프랭크 루박은 선교사역을 담당하는 일상 속에서 하나님을 대면하는 것이 가능하다는 것을 보여주고 있다. 그는 어디에나 계시는 하나님을 찾으면서 어느 순간에나 하나님을 만나고자 했다.

프랭크 루박 뿐 아니라 로렌스 형제도 수도원의 일상 속에서 하나님을 찾으면서 하나님의 임재를 경험했다. 이때 수도원의 일상이라고 하는 것은 우리가 일반적으로 생각하는 기도나 성경읽기와 같은 경건 생활이 아니다. 그는 청소나 설거지 같은 일상 가운데 하나님을 찾았다.

하나님의 임재 연습은 기도 시간뿐 아니라 규칙적인 일과 시간에도 똑같이 적용되었네. 하루 종일, 매시간, 매분마다 나는 하나님 생각으로부터 나를 떼어 놓으려 드는 모든 것을 내 영혼 바깥으로 몰아냈다네. 내가 하나님과의 동행을 시작한 이후로 그 연습은 매일의 일과가 되었다네. 물론 그 연습이 주춤주춤해지고 굵직한 실수들로 얼룩지는 시간들도 많았지만, 나는 아직도 이 과정들을 통해 커다란 축복을 누리고 있다네.[24]

하나님을 만나는 것이 어떤 특별한 순간에 이루어진다는 생각은 하나님과의 대면을 더 어렵게 만드는 요인이 될 수 있다. 일상 속에서 현재 주어진 일들을 감당하는 중 지금 곁에 계신 주님을 찾고 만나는 것이 필요하다.

---

23 프랭크 루박, 위의 책, 18쪽.
24 로렌스 형제, 윤종석 역, 『하나님의 임재연습』 (서울:두란노서원, 2018), 93쪽.

집중해서

사람들은 이야기를 주고받으며 관계를 형성해 간다. 그렇기 때문에 관계가 일방적이 될 때 그 만남은 어려워진다. 한 사람이 일방적으로 말을 한다거나, 일방적으로 말을 듣는다면 그 만남은 즐겁지 않을 것이다. 이처럼 어느 한 방향으로만 소통이 되면 좋은 관계를 만들기는 어렵다.

하나님과도 마찬가지다. 관계가 일방적으로 진행되면 하나님을 대면하는 것이 어려울 수밖에 없다. 그래서 우리가 드리는 예배가 일방적이 되면 그것은 샤머니즘이나 이슬람과 같이 될 위험이 크다. 샤머니즘은 자기가 원하는 것을 일방적으로 신에게 말할 뿐이다. 그 말을 듣고 있는 샤머니즘의 신은 절대 인간에게 말하지 않는다. 오직 인간만이 말하는 한 방향만 존재한다.

반대로 이슬람은 오직 신만이 말할 수 있다. 선포된 신의 뜻에 의문을 제기하거나 의심을 가지면 그것은 죽을 수도 있는 죄가 된다. 샤머니즘과는 반대로 인간이 듣기만 하는 한 방향만 있다. 이 두 경우에 신과 인간 사이의 인격적인 관계는 존재할 수 없다.

우리가 믿는 하나님은 한 방향으로 소통하기를 원하지 않으신다. 우리가 지금까지 살펴본 대로 성경의 많은 사람들이 하나님과 쌍방향으로 대화하며 관계를 맺어왔다. 예수님도 일방적으로 말씀하신 것이 아니라 사람들을 대면하시며 듣기도 하셨다. 우리의 귀와 입을 만들어 주신 하나님께서도 귀와 입을 가지고 계시기 때문에 듣기도 하시고 말씀하기도 하신다. 그래서 우리는 일방적으로 하나님께 말씀을 드리려고만 해서는 안 된다. 하나님으로부터 듣는 시간도 가져야 한다. 그것을 단순히 설교나 오디

오로 성경을 듣는 것만으로 족하게 여겨서는 안 된다. 살아계신 하나님께서 지금도 얼마든지 우리에게 말씀하실 수 있다는 믿음을 가지고 우리는 그 말씀을 경청해야 한다.

관계를 형성하는 데 있어서 경청은 매우 중요하다. 꼭 하나님과의 관계가 아니더라도 우리는 잘 들음으로 상대방의 생각과 마음을 받아들이고 이해와 공감을 할 수 있기 때문이다. 하지만 이론적으로는 알고 있어도 실천하는 것은 어렵다. 왜냐하면 듣는 동안에 머리 속에 수많은 생각들이 오가기 때문이다. 상대방의 이야기와 관련된 사건들이 생각날 때도 있고, 상대방의 이야기에 대해 어떤 반응이나 답변을 해야 할지 고민할 때도 있다. 이 생각들이 집중을 방해한다.

경청을 잘 하기 위해서는 이 모든 생각들을 내려놓고 말하는 사람에게 집중해야 한다. 그가 왜 그런 말을 하는지, 그렇게 말하는 그의 마음 내면 깊은 곳에 있는 상처와 아픔, 동기와 사랑을 봐야 한다. 오직 상대방의 얼굴과 마음만 들여다보는 것이다. 그때 상대방의 이야기에 귀를 기울이면서 그의 마음속에 담긴 진실을 받아들일 수 있다.

우리가 하나님을 대면할 때도 이러한 자세가 필요하다. 하나님께서 내게 말씀하시는 것을 경청해야 한다. 그러기 위해서는 하나님께 집중해야 한다. 우리는 기도를 드릴 때 하나님께서 나에게만 집중하시고, 내 말만 들어 주시기를 원했다. 그리고 그렇게 되지 않는 느낌이 들 때 하나님을 원망하기도 하고 의심하기도 했다. 이제 하나님을 대면하고자 한다면 일방적인 태도는 내려놓고 지금 내 앞에 나와 마주 앉아 계신 하나님께 집중해야 한다.

여전히 내가 하나님께서 말씀하시는 것을 들을 수 있을까 하는 의심이

들 때에도 하나님께 귀를 기울이자. 말을 알아듣지 못해도, 부모가 말할 때 눈을 맞추는 어린 아기와 같은 모습으로 하나님을 바라보자. 그렇게 대면하는 횟수가 늘어나면서 하나님과 함께 하는 시간들이 익숙해진다. 그러는 가운데 하나님께서 주시는 평강이 마음에 밀려오는 경험을 하게 될 것이다. 이것이 우리가 하나님께 집중해야 하는 이유이자 방법이다.

13. 다시 대면을 소망하며

이 책을 쓰는 것을 마무리해가고 있는 지금도 여전히 교회는 비대면 예배를 진행하고 있다. 앞으로 얼마나 더 비대면으로 예배를 드려야 할지 알 수 없다. 이 시간들이 길어지면서 답답하고 괴롭다. 교우들을 만나고 싶기 때문이다. 아무리 온라인으로 예배를 드리고 다양한 연결 매체가 있다고 하더라도 실제로 얼굴을 마주하는 것에 비할 수는 없다.

언젠가 어느 할머니의 사연을 들은 일이 있다. 그 할머니는 매일 지하철역으로 가서 하루 종일 앉아있다 돌아온다. 그녀가 역을 찾는 이유는 얼마 전에 세상을 떠난 남편이 그 역에서 근무했기 때문이다. 역에서는 남편의 목소리로 녹음된 방송이 지금까지 계속되고 있다. 그녀는 그 목소리를 들으러 하루도 빠지지 않고 역으로 향한다. 남편이 그립고 보고 싶기 때문이다.

만약 살아있는 사람의 목소리를 녹음으로 계속 듣는다고 생각해 보자. 살아서 대화가 가능한 사람의 목소리를 직접 듣지 않고 녹음으로 듣는다면 어떨까? 잠시 위안이 될 수는 있겠지만, 그리움이 해소되지는 않을 것이다. 오히려 답답함이 쌓이고 화가 날 수도 있다.

영상전화가 발달하고 그것을 통해 매일 얼굴을 보며 통화를 한다고 해도 사랑하는 사람을 직접 대면하며 보는 것과 같을 수는 없다. 그래서 늘 연락을 주고받는 사람일지라도 기회가 되면 얼굴을 보기 위해 기차를 타거나 비행기를 이용해 먼 길을 오고 간다.

지금의 이 비대면 상황은 목회자나 교인들에게나 고통의 시간이다. 이 시간 속에서 하나님을 더 찾고 만나기 위해 글을 쓰기 시작한 지금도 보고 싶은 성도들을 향한 그리움을 떨쳐 내기는 쉽지 않다.

사랑하기에

김용섭의 『언컨택트』를 읽으면서 비대면 시대에도 지속되고 있는 것들을 보았다. 연인들은 마스크를 쓰고서도 키스를 하며, 여관이나 호텔을 찾는 수가 줄어들지 않았다. 뿐만 아니라 결혼식은 사람들이 모이는 방식은 어려워도 드라이브 스루와 같은 방법으로 진행되고 있다. 왜 그럴까? 사랑하기 때문이다. 비대면 시대라고 해서 사랑마저 멈춘 것은 아니다. 사랑하기 때문에 사랑을 나눌 방법을 찾고 결혼을 하고자 한다.

이렇게 보면 환경의 변화가 중단시키지 못하는 것들이 있음이 분명하다. 상황은 바뀌어도 지속되는 것들이 있다. 우리가 하나님을 대면하는 것이 바로 그렇다. 지금은 어느 때보다도 하나님을 만나는 것이 힘들게 느껴지는 시대다. 예배를 하기 위해 교회에 가는 것은 말할 것도 없고, 혼자 기도하기 위해 교회를 오가는 것조차 사람들이 뭐라고 하지 않을까 신경 쓰이기도 한다. 그만큼 교회를 드나드는 것이 힘든 시대다. 혼자 예배를 드리자니 그것도 쉽지는 않다.

그렇다고 해서 우리가 하나님을 대면하는 것을 멈출 것인가? 우리를 사랑하신 하나님의 사랑을 알고, 우리도 하나님을 사랑하는 마음을 표현하고자 예배도 드리고 기도도 하고 하나님을 찾아왔다. 그것은 우리가 하나님을 사랑하기 때문에 해 왔던 것들이다. 그것이 어려워진 지금, 우리에게 필요한 것은 먼저 우리의 마음을 돌아보는 것이다.

내가 얼마나 하나님을 사랑하는가? 이 마음만 변함없다면 우리는 하나님을 찾을 것이다. 그곳이 어디이든 하나님을 만나기 위해 시간을 내고 먼 길을 가는 것을 마다하지 않을 것이다. 때로 사랑하는 사람을 만나기 위해 휴가를 내고 먼 길을 가는 연인들처럼, 하나님을 사랑하는 마음으로 하나님을 만나기 위해 할 수 있는 모든 것들을 하게 될 것이다.

그렇다면 비대면 시대에 하나님을 대면하는 것은 방법의 문제 이전에 사랑의 문제다. 하나님과의 대면이 어려웠던 것은 대면하여 예배를 드릴 수 없는 상황과 우리의 시간을 빼앗는 분주한 일들 때문이 절대 아니다. 하나님을 사랑하는 마음만 변함없다면 세상이 우리의 대면과 모임을 힘들게 한다 할지라도 우리는 계속해서 하나님을 마주할 것이다.

지금 우리에게 필요한 것은 그 마음이 변함없는지를 확인하는 것이다. 그리고 그 마음으로 하나님께 나아가면 된다. 그러면 하나님께서 주시는 평강과 기쁨으로 이 시대가 주는 모든 어려움들을 능히 이기며 나갈 것이다. 그렇게 하나님을 대면하는 힘으로 하루하루 살기를 소망한다.

윌리엄 폴 영의 소설 『오두막』에서 주인공 맥은 딸을 잃은 뒤에 하나님의 초대를 받고 오두막으로 간다. 거기서 그는 자신을 파파라고 소개하는 하나님을 만난다. 그분이 맥에게 이런 말씀을 하신다.

"맥, 우리 안에 있는 사랑과 즐거움과 자유와 빛을 당신과 나누고 싶어요. 우리는 당신 인간들을 우리와 얼굴을 맞대고 우리와 사랑에 함께 하도록 창조했어요."[25]

비록 소설이지만 이 말씀 속에 하나님의 마음이 담겨 있다. 하나님께서 우리를 창조하신 목적은 삼위일체 안에서 하나님과 사랑을 나누는 것이다. 비록 우리가 처해 있는 상황이 교회에 모일 수 없고 사람들을 만날 수 없다 하더라도 말이다. 여전히 하나님은 우리와 얼굴을 맞대고 사랑 나누는 것을 기뻐하신다. 그렇기 때문에 우리는 비대면 시대가 된다 하더라도 하나님과 대면하며 사랑을 나눌 수 있다.

소망 가운데

우리는 지금까지 비대면 시대에 어떻게 하나님을 대면할 것인가에 대해 함께 생각해 보았다. 먼저 우리가 살고 있는 시대 상황의 변화를 보고, 이어서 하나님을 대면하는 것의 유익과 실제에 대해 성경을 통해 그 근거를 찾았다. 그리고 마지막에 우리의 일상 가운데 어떻게 하나님을 대면할 것인가 생각해 보았다.

여기서 다시 한 번 고민하기 원하는 것은 우리 인생의 방향이다. 현재 우리가 어떤 일들을 겪고, 앞으로 우리가 사는 세상이 어떻게 변해갈지 알

---

25 윌리엄 폴 영, 앞의 책, 201쪽

수 없다. 하지만 한 가지 분명한 것이 있다. 그것은 언젠가는 우리가 다 하나님을 대면하게 된다는 것이다. 그것이 언제 어디서 어떻게 이루어질지는 아무도 모른다. 또 하나님을 대면하게 될 때 우리가 어떤 모습으로 만나게 될 지도 알 수 없다.

그렇지만 이런 질문을 할 수는 있다. 나는 어떤 모습으로 하나님을 만나기 원하는가? 모세가 시내산에 오를 때, 하나님 만나기를 두려워했던 이스라엘 백성들처럼 만날 것인가? 아니면 하나님께서 찾으실 때 피하여 숨었던 아담 같은 태도를 취할 것인가?

하나님을 뵙는 일이 두렵고 떨리는 것은 틀림없다. 더구나 우리는 거의 대부분 죽음이라는 과정을 거쳐서 하나님을 만나게 될 것이다. 그렇다면 하나님을 만나는 것은 더욱 고통스럽게 느껴진다. 그러나 교회의 역사를 읽다보면 모든 사람들이 다 그렇게 하나님을 만나는 것은 아니다. 순교의 역사에는 비참한 고통 속에서 순교했던 사람들의 이야기가 많다. 그러나 그들은 고통 가운데 하나님 만나는 것을 두려워하지 않고 소망 가운데 이겨 나갔다. 당장 무슨 일이 벌어질지 모르는 순간에도 아기를 안고 있는 어머니는 순교 직전에 이런 말을 했다.

"조금만 참아! 곧 밝은 세상이 열리게 될 거야."

그들이 이런 말을 주고받으며 순교할 수 있었던 것은 그들에게 소망이 있었기 때문이다. 그 소망은 주님을 만나는 것이다. 천국에서 자녀들을 기다리고 계시는 하나님을 대면하는 소망이 지금 겪는 고통을 이기게 해준다. 그래서 순교의 자리에서 스데반 집사도 자신에게 고통을 가하는 자들의 용서를 구한다. 이 모든 것들이 가능할 수 있었던 것은, 그들이 주님을 만날 것이라는 소망 가운데 살아가던 하나님의 백성이기 때문이다.

지금 우리에게 필요한 것이 바로 이 소망이다. 우리는 다시 질문해야 한다. 지금 내가 가장 바라는 것이 무엇인가? 대면할 수 없는 이 시대에 다시 교회에 가는 것인가? 다시 그리운 얼굴들을 만나는 것인가? 마스크를 벗고 내가 가고 싶은 곳을 다니고, 만나고 싶은 사람들은 보는 것인가?

다 필요하고 중요하겠지만, 절대 잊어서는 안 되는 한 가지가 있다. 그것은 주님을 만나는 것에 대한 소망이다. 우리는 그 소망을 가지고 살아가는 그리스도인이다. 어떤 경우에도 이 땅에 소망을 두고 살아갈 수는 없다. 주님을 만날 때까지 주님께서 주신 생명으로 이 땅의 삶을 영위하기는 해도, 우리 삶의 궁극적인 종착점은 주님을 만나는 그곳이다.

그곳에서 주님을 만나게 될 때 참 기쁨으로 만나기 원한다. 그 날이 이를 때까지 지금 여기서 하나님을 찾는 삶을 살다가, 마침내 오랫동안 기다렸던 연인을 만나는 감격으로 주님을 만나는 기쁨이 우리에게 있기를 소망한다.

비대면 시대에 하나님 대면하기

초판 인쇄　2020년 11월 3일
초판 발행　2020년 11월 8일

지 은 이　김창준
펴 낸 곳　**코람데오**
등　　록　제300-2009-169호
주　　소　서울시 종로구 세종대로 23길 54, 1006호
전　　화　02)2264-3650, 010-5415-3650
　　　　　　FAX. 02)2264-3652
E-mail　soho3650@naver.com

ISBN | 978-89-97456-88-8　03230

값 10,000원

※ 잘못된 책은 바꾸어 드립니다.